다락원 주니어

°일본어 시 펜맨십

서울일본어교육연구회 編

다락원

1. 일본어 문자의 발음과 우리말의 비슷한 음으로 시작되는 사물을 그림으로 나타내어 그림 속에서 일본어 문자(ひらがな, カタカナ)를 형상화하였기 때문에 그림을 생각하면 쉽고도 자연스럽게 글자의 모양과 발음이 연상될 수 있도록 하였다.

2. 동일한 유형의 그림에「ひらがな」와「カタカナ」를 함께 형상화하여 가나 문자 학습의 혼동을 피하였다.

3. 글자 연습은 ひらがな와 カタカナ의 청음 표기를 중심으로 실질적이고 효과적인 연습이 가능하도록 하였으며 연습할 수 있는 지면을 최대한 확대하였다.

4. 「발음」에서는 일본어 가나의 발음을 스스로 익힐 수 있도록 구성하였다.

5. 이 한 권으로 문자의 숙지가 충분히 가능하도록 「확인 학습」을 통한 「그림 속에서의 쓰기 연습」, 「그림을 생각하며 쓰기 연습」, 「단어 연습」에서는 「단어 쓰기」, 「총정리」란을 충분히 활용하여 반복 연습해 가는 동안 저절로 익힐 수 있도록 하였다.

6. 혼동하기 쉬운 가나는 정확히 구별하여 쓸 수 있도록 별도로 구성하였다.

국가의 경제력에 따라 그 나라의 언어 위상도 결정되는 시대이다. 일본의 경제적 위상이 국제적으로 커짐에 따라 일본어가 세계 속에서 차지하는 언어적 위상도 동반하여 상승하고 있다.

우리 나라와 일본은 정치, 경제, 문화 등 여러 분야에서 양국의 교류가 빈번해짐에 따라서 그 매개체가 되는 일본어를 배우고자 하는 학습자의 수도 나날이 증가하고 있는 추세이다. 그러나 일본어를 배우려는 초기 학습자에게 있어서 맨 처음 익히지 않으면 안 되는 일본어의 주문자인 가나(ひらがな, カタカナ) 90여 문자를 익힌다는 것은 학습자에게 큰 부담이 아닐 수 없다.

수년간 고등학교 현장에서 학생들에게 일본어를 지도하면서 학생들이 의외로 문자를 익히는 데 많은 어려움을 겪는 것을 보고 안타까운 생각을 늘 지울 수 없었다. 그렇지 않아도 배워야 하는 학과목이 많아 학습 부담이 과중한 데다 새롭게 대하는 일본어 문자를 숙지한다는 것은 큰 어려움이 아닐 수 없었다. 어떻게 하면 학습자들이 수고와 시간을 절약할 수 있을까 궁리해 오던 차에「ひらがな」와「カタカナ」문자를 그림 속에 형상화시켜 우리말의 발음과 연계하여 글자의 모양을 익히게 하였더니, 뜻밖에 많은 학생들이 흥미를 가지고 쉽게 익히게 되는 것을 보고 새로운 형태의 교재를 만들게 되었다.

그리고 본 교재에서는 발음편을 보강하여 더욱 정확한 일본어 문자의 발음을 익힐 수 있도록 자세히 다루었으니 발음편을 적극 참고하여 주기 바란다.

편저자 씀

이 책의 학습 방법·학습자들에게

1) 각 문자의 획순에 따라 그림 속의 고딕체 문자 위에 덧칠하여 여러 차례 연습한 다음, 엷게 되어 있는 글자부터 연습해 간다. 이 때는 반드시 그림을 생각하며 써야 한다.

2) 각 행의 뒤에 있는 확인 학습에서는 그림 속의 엷은 음영으로 된 글자를 몇 번이고 덧칠하여 연습한 다음, 그림을 생각하며 쓰기 연습을 한다.

3) 단어 연습은 각 행(行)에서 배운 글자를 생각하면서 단어 쓰기를 연습한다.

4) 혼동하기 쉬운 문자와 구별하여 잘못 쓰지 않도록 연습한다.

5) 총정리 부분의 1단계에서도 역시 그림 속의 엷은 음영의 글자를 수차 덧칠하며 연습을 한다.

6) 총정리 2단계에서는 그림을 연상하며 쓰기 연습을 한다.

7) 학습의 순서는 히라가나와 가타카나를 함께 연습하며 익힐 수 있지만, 히라가나부터 먼저 익힌 후에 가타카나를 연습해도 좋다.

8) 히라가나와 가타카나 카드를 이용하여 학습을 하는 것도 도움이 될 것이다. 따라서 트럼프와 같은 게임에 응용하여 익히는 것도 좋은 학습 방법이 될 수 있다.

9) 교실 등 정해진 장소에서 학습하지 않고 개인적으로 학습할 때는 카드를 휴대하고 다니면서 틈틈이 시간이 나는 대로 글자를 익히도록 한다.

　이상과 같은 방법으로 연습해 가면 자신도 모르는 사이에 ひらがな, カタカナ를 자연스럽게 익히게 될 것이다.

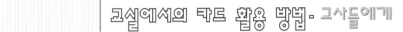

교실에서의 카드 활용 방법 - 교사들에게

부록에 있는 카드를 이용하여 다음과 같이 다양한 방법으로 수업을 진행할 수 있다.

1) 「あ행」부터 「わ행」까지 행별로 나열하는 연습을 하도록 한다.

2) 책상 위에 아무렇게나 쌓아 놓은 후에 한 장씩 제한 시간 내에 읽도록 한다. 그리고 나서 읽을 수 있는 것과 못 읽는 것을 분리하여 읽을 수 없는 것만 다시 연습하여 익히도록 한다.

3) 빙고 게임

빙고 게임 1

あ	き	ひ	す	も
し	う	り	ふ	れ
み	は	ね	つ	ぬ
ら	ち	そ	せ	え
こ	お	け	さ	め

① 개인별로 진행한다.
② 다음 그림의 예와 같이 개인별로 가로5×세로5 배열로 카드를 오십음도 순서와 관계없이 늘어놓는다.
③ 교사나 학생이 히라가나를 한 자씩 읽으면 자신이 배열해 놓은 카드판에서 해당되는 글자를 옆으로 빼놓는다.
④ 가로, 세로, 대각선 중 어느 줄이든 글자가 없어지는 사람이 게임의 승자가 된다. 너무 빨리 끝날 경우에는 빙고가 3개 이상이 되었을 때 게임이 끝나도록 한다.

빙고 게임 2

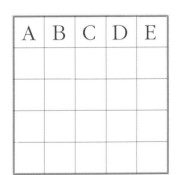

A	B	C	D	E

① 개별적으로 하거나 조를 구성하여 조별로 진행해도 좋다.
② 각자 아래와 같은 표를 만들어 히라가나를 적는다.
　A열 : あ・か행　B열 : さ・た행　C열 : な・は행
　D열 : ま・や행　E열 : ら・わ행
③ 먼저 한 사람이 A열의 히라가나 하나를 읽는다. 그 히라가나가 들어 있는 사람은 해당되는 히라가나에 ×표를 한다.
④ 그 다음 사람이 B열의 히라가나를 말한다. 같은 방법으로 E열까지 차례차례 히라가나를 말한다.
⑤ 가로, 세로, 대각선 중 어느 것이든 ×표가 이어지는 사람이 게임의 승자가 된다. 너무 빨리 끝날 경우에는 빙고가 3개 이상이 되었을 때 게임이 끝나도록 한다.

4) 게임

(게임 1)

펜글씨 교본에 제시된 카드를 이용하여 교과서의 첫 과(課)에 나오는 단어를 중심으로 단어 만들기 게임을 해도 좋다.

(게임 2)

① 1조에 5명 정도가 되도록 구성한다.
② 펜글씨 교본에 있는 카드를 활용하여 46장의 카드를 사람 수에 맞춰 없어질 때까지 나누어 준다.

자신이 받은 카드 중에서 「は・ひ・ふ・へ・ほ」가 있으면, 먼저 내고 아래와 같이 중앙에 배열한다. 굳이 칸을 그릴 필요는 없다.

④ 「は」를 낸 사람부터 게임을 시작한다. 자기가 가지고 있는 카드 중에서 미리 나와 있는 상하좌우에 인접한 카드가 있으면 1장만 낸다. 예를 들면 첫 번째 사람은 「な행」과 「ま행」 중의 글자가 있으면 1장을 낸다.(위의 그림은 「の」를 낸 경우)
⑤ 다음 사람도 상하좌우에 인접한 카드를 낸다. 인접한 카드가 없으면 지나간다.(위의 그림은 「み」를 낸 경우)
⑥ 손에 들고 있는 카드가 가장 먼저 없어진 사람이 이기는 게임이다.

목차

ひらがな

五十音図

五十音図란「かな」를 일정한 순서에 의해서 5字씩 10개의 행(行)으로 배열한 것을 말한다. 같은 자음으로 배열된 것을 행(行)이라 하고 같은 모음으로 배열된 것을 단(段)이라고 부르는데, 이것은 사전을 찾을 때나 앞으로 배울 동사의 어미 변화를 학습할 때 알아야 할 것이므로 꼭 기억해 두도록 하자.

段＼行	あ행	か행	さ행	た행	な행	は행	ま행	や행	ら행	わ행
あ단	あ	か	さ	た	な	は	ま	や	ら	わ
い단	い	き	し	ち	に	ひ	み		り	
う단	う	く	す	つ	ぬ	ふ	む	ゆ	る	
え단	え	け	せ	て	ね	へ	め		れ	
お단	お	こ	そ	と	の	ほ	も	よ	ろ	を	ん

字源

平仮名(ひらがな)는 漢字를 바탕으로 일본의 헤이안 시대(平安時代. 9세기경)에 궁중 귀족의 여성들에 의해 한자의 초서(草書:흘림체)를 바탕으로 하여 만들어진 문자로 모양이 부드럽고 둥글게 되어 있다.

あ安	か加	さ左	た太	な奈	は波	ま末	や也	ら良	わ和
い以	き幾	し之	ち知	に仁	ひ比	み美		り利	
う宇	く久	す寸	つ川	ぬ奴	ふ不	む武	ゆ由	る留	
え衣	け計	せ世	て天	ね祢	へ部	め女		れ礼	
お於	こ己	そ曾	と止	の乃	ほ保	も毛	よ与	ろ呂	を遠	ん无

カタカナ

段＼行	ア행	カ행	サ행	タ행	ナ행	ハ행	マ행	ヤ행	ラ행	ワ행
ア단	ア	カ	サ	タ	ナ	ハ	マ	ヤ	ラ	ワ
イ단	イ	キ	シ	チ	ニ	ヒ	ミ		リ	
ウ단	ウ	ク	ス	ツ	ヌ	フ	ム	ユ	ル	
エ단	エ	ケ	セ	テ	ネ	ヘ	メ		レ	
オ단	オ	コ	ソ	ト	ノ	ホ	モ	ヨ	ロ	ヲ	ン

字源

片仮名(カタカナ)도 역시 헤이안 시대(平安時代)부터 스님들이 불경 강의를 들을 때 그 발음을 표기하기 위하여 쓰여진 일본 문자로, 한자의 변(邊)이나 방(傍)의 한 부분을 따서 만든 글자이므로 글자체가 직선적이며 각을 이루는 글자가 많다.

ア阿	カ加	サ散	タ多	ナ奈	ハ八	マ末	ヤ也	ラ良	ワ和
イ伊	キ幾	シ之	チ千	ニ二	ヒ比	ミ三		リ利	
ウ宇	ク久	ス須	ッ川	ヌ奴	フ不	ム牟	ユ由	ル流	
エ江	ヶ介	セ世	テ天	ネ祢	ヘ部	メ女		レ礼	
オ於	コ己	ソ曾	ト止	ノ乃	ホ保	モ毛	ヨ与	ロ呂	ヲ乎	ン尓

1 일본어

★ 일본어는 한국어와 어순이 거의 같고, 성의 구별이 없으며 어미 활용을 한다. 그리고 경어와 조사를 사용하는 등 문법 구조면에서 다른 외국어보다 유사한 점이 많다.

★ 오늘날 일본어는 사용자 수가 1억 2천만 명 정도로 세계 5000여 개의 언어 중 사용 인구 수로는 여섯 번째에 해당하는 세계 주요 언어로서 경제력을 바탕으로 하여 일본어의 세력이 점점 커지고 있어 그 중요도가 점차 높아지고 있다.

1) 일본어의 소리 단위

음성 언어는 소리(음성)를 연속적으로 발음해서 의미를 나타내게 된다. 예를 들면「あたま」의 경우 [a][ta][ma]가 각각 한 음절이 되어 모두 3음절을 나타내게 되는 것이며, 이 때 실제 언어에서 발음하게 되는 소리 덩어리를 음절(音節, syllable)이라고 한다.

현대 일본어에서 사용되는 음절 수는 대략 103개로서 영어(4000~7000개)나 한국어(약 3000개)보다 적은 편이다. 음절 수가 적은 만큼 우리가 일본어의 발음을 하기가 비교적 수월하고 반대로 우리말이나 영어를 하려는 일본인은 발음하기가 어려우리라는 것을 짐작할 수 있다. 현대 일본어에서 사용되는 음절은 청음 44개, 탁음 18개, 반탁음 5개, 요음 33개 등이다.

2) 일본어 문자

일본어는 세계의 여러 언어 가운데 문자의 종류가 가장 다양한 언어 중의 하나이다. 일본어에 주로 사용되는 문자는 히라가나와 가타카나, 한자 등이 있으며, 이 밖에도 보조적인 문자로서 알파벳, 아라비아 숫자, 로마 숫자, 그리스 문자(수학 공식 등)가 쓰이고 있다.

한자(漢字)

일본에 문자가 없던 시대에 중국에서 들어와 가나가 발명되기 전에는 한자만이 쓰였다. 우리 민족에 의하여 전래된 것으로 아직도 쓰이고 있으며 읽는 법은 우리와 달리 일본식으로 읽는다.

히라가나 9~10세기경에 한자의 초서체를 바탕으로 해서 만들어졌다. 원래는 글자 수가 오늘날보다 훨씬 많았으나, 20세기초에 오늘날과 같은 히라가나가 정부에 의하여 결정되었다. 한자와 함께 현대 일본어를 표기하는 가장 중요한 문자이다.

가타카나 히라가나와 같이 9~10세기경에 한자의 자획(字画) 일부를 따서 만든 것이다. 처음부터 보조적인 문자로 출발하였으며, 현재에도 외래어 표기나 의성어 · 의태어, 전보문, 동 · 식물 이름 등을 표기하는 데 사용한다.

가나 문자의 특징

가나 문자는 한 문자가 한 음절을 나타낸다는 데 있다. 한 문자는 한 음절을 표시하며 한 박자만큼의 발음 시간을 갖는다. 다만, 「きゃ[kja]」, 「きゅ[kjɯ]」, 「きょ[kjo]」 등의 요음(拗音)에서 작은 글자로 쓴 「ゃ, ゅ, ょ」는 각 음절의 보조적인 요소로 쓰인 것이므로 앞의 주요소에 흡수되어 음절로서의 자격을 잃고, 「きゃ, きゅ, きょ」가 각각 한 음절을 이룬다.

2 일본어의 발음

1) 청음 (淸音, せいおん)

오십음도에 나오는 각 음절의 가나에 탁점「 ゛」이나 반탁점「 ゜」을 붙이지 않은 글자로 오십음도에서 ん을 제외한 모든 음이다.

2) 탁음 (濁音, だくおん)

「か, さ, た, は」행의 오른쪽 위에 탁점「 ゛」을 붙여서 내는 음으로 성대의 진동에 의해 나는 유성음이다.

3) 반탁음 (半濁音, はんだくおん)

「は」행의 오른쪽 윗부분에 반탁점(半濁点)「 ゜」을 붙여서 내는 음으로 성대의 진동에 의해 나는 유성음이다.

4) 요음 (拗音, ようおん)

요음은「い」를 제외한「い」단 즉,「き, し, ち, に, ひ, み, り, ぎ, じ, ぢ, び, ぴ」의 오른쪽 밑에 작게「ゃ, ゅ, ょ」를 붙여서 내는 소리로, 문자 수로는 두 문자가 되나 음절로는 한 음절(一拍)임에 유의해야 한다.

① きゃ きゅ きょ [kja kjɯ kjo]

   예 きゃく [kjakɯ] : 손님   きゅうり [kjɯ:ri] : 오이   きょねん [kjoneN] : 작년

② ぎゃ ぎゅ ぎょ [gja gjɯ gjo]

   예 ぎゃく [gjakɯ] : 거꾸로   ぎゅうにゅう [gjɯ:njɯ:] : 우유   じゅぎょう [dʒɯgjo:] : 수업

③ しゃ しゅ しょ [ʃa ʃɯ ʃo]

   예 しゃしん [ʃaʃiN] : 사진   しゅう [ʃɯ:] : 주(週)   しょくりょうひん [ʃokɯrjo:hiN] : 식료품

④ じゃ じゅ じょ [dʒa dʒɯ dʒo]

　　예 じゃ [dʒa] : 그럼　　じゅぎょう [dʒɯgjo:] : 수업　　じょうず [dʒo:dzɯ] : 잘함

⑤ ちゃ ちゅ ちょ [tʃa tʃɯ tʃo]

　　예 おちゃ [otʃa] : 차　　ちゅうごく [tʃɯ:gokɯ] : 중국　　ちょうど [tʃo:do] : 마침, 꼭

⑥ にゃ にゅ にょ [nja njɯ njo]

　　예 こんにゃく [konnjakɯ] : 구약나물　　にゅうしゃ [njɯ:ʃa] : 입사　　なんにょ [nannjo] : 남녀

⑦ ひゃ ひゅ ひょ [hja hjɯ hjo]

　　예 ひゃく [hjakɯ] : 백(100)　　ヒューズ [hjɯ:dzɯ] : 휴즈　　ずひょう [dzɯhjo:] : 도표(図表)

⑧ びゃ びゅ びょ [bja bjɯ bjo]

　　예 さんびゃく [sambjakɯ] : 삼백(300)　　ごびゅう [gobjɯ:] : 오류　　びょういん [bjo:iɴ] : 병원

⑨ ぴゃ ぴゅ ぴょ [pja pjɯ pjo]

　　예 ろっぴゃく [rokpjakɯ] : 육백(600)　　コンピューター [kompjɯ:ta:] : 컴퓨터
　　　　ピョンピョン [pjompjoɴ] : 깡충깡충

⑩ みゃ みゅ みょ [mja mjɯ mjo]

　　예 みゃく [mjakɯ] : 맥　　ミュージック [mjɯ:dʒikkɯ] : 음악　　みょうじ [mjo:dʒi] : 성(姓)

⑪ りゃ りゅ りょ [rja rjɯ rjo]

　　예 りゃくじ [rjakɯdʒi] : 약자(略字)　　りゅう [rjɯ:] : 용(龍)　　りょこう [rjoko:] : 여행(旅行)

5) 촉음 (促音, そくおん [つまるおん])

「た」행의 「つ(ツ)」음을 작게 쓴 것으로 「っ」「ッ」로 표기한다. 촉음은 다음에 오는 글자의 자음과 동일한 음으로 발음된다. 그리고 발음 길이는 다른 문자와 같이 한 음절(一拍)에 해당한다.

▪「か」행 앞에서는 [k]로 발음된다.　　예 がっこう [gakko:]　しっかり [ʃikkari]

▪「さ」행 앞에서는 [s]로 발음된다.　　예 けっせき [kesseki]　いっさつ [issatsɯ]

▪「た」행 앞에서는 [t]로 발음된다.　　예 きって [kitte]　おっと [otto]

▪「ぱ」행 앞에서는 [p]로 발음된다.　　예 いっぱい [ippai]　きっぷ [kippɯ]

6) 발음 (撥音, はつおん [はねるおん])

촉음과 같이 다음에 오는 음의 영향에 의해 [m·n·ŋ·N] 등으로 발음된다. 그리고 우리
말의 받침처럼 발음되나 발음 길이는 다른 문자와 같이 한 음절(一拍)에 해당되므로 유
의한다.

① [m]으로 발음되는 경우 –「ま·ば·ぱ」행 앞에서

例 せんもん[semmoɴ] しんぶん[ʃimbɯ̃] えんぴつ[empitsɯ]

② [n]으로 발음되는 경우 –「(さ·ざ)·た·だ·な·ら」행 앞에서

例 せんせい[sense:] かんじ[kandʒi] ほんとう[honto:]
うんどう[ɯndo:] おんな[onna] べんり[benri]

*「さ」행과「ざ」행은 학자에 따라 [N]음에 포함시키기도 한다.

③ [ŋ]으로 발음되는 경우 –「か·が」행 앞에서

例 ぶんか[bɯŋka] でんき[deŋki] りんご[riŋgo]

④ [N](비음)으로 발음되는 경우 – 모음, 반모음,「は」행 앞에서, 말 끝에 올 때

例 れんあい[reɴai] ほんや[hoɴja] でんわ[deɴwa]
まんねんひつ[manneɴhitsɯ] ほん[hoɴ]

7) 장음 (長音, ちょうおん)

① 히라가나의 장음은「あ」행으로 표기한다.

 •「あ」단+あ   例 おか<u>あ</u>さん おば<u>あ</u>さん
 •「い」단+い   例 おじ<u>い</u>さん おに<u>い</u>さん
 •「う」단+う   例 くう<u>き</u> ふ<u>う</u>ふ
 •「え」단+え,「え」단+い   例 おね<u>え</u>さん せんせ<u>い</u> とけ<u>い</u>
 •「お」단+お,「お」단+う   例 と<u>お</u>い お<u>お</u>い おと<u>う</u>と いも<u>う</u>と

② 가타카나의 장음은「ー」로 표기한다. 그리고 가타카나 표기는 주로 외래어, 외국의 인
명·지명, 의성어·의태어, 전보문, 그리고 특별히 강조하고자 하는 경우 사용한다.

例 アパート(아파트) ボールペン(볼펜) ゲーム(게임) コーヒー(커피)
サッカー(축구) タクシー(택시) デパート(백화점) スポーツ(스포츠)

8) 조사「は・へ・を」의 특별한 발음

① 「は」– 보통 단어에서는 [ha]로 발음되나 조사로 쓰일 때는 [wa]로 발음한다.
  예 これは[wa]　では[wa]　　　　　　※ おはよう[ha]

② 「へ」– 보통 단어에서는 [he]로 발음되나 조사로 쓰일 때는 [e]로 발음한다.
  예 どこへ[e]いきますか。　　　　　※ へや[he]

③ 「を」– 발음은「お」와 같으나 일반 단어에서는 사용되지 않고 목적격 조사로만 쓰인다.
  예 ほんを[o]かいました。

9) 모음의 무성화

다음의 경우 밑줄 친 부분이 무성음이 된다.

① [i], [ɯ]음이 무성음과 무성음 사이에 올 때
  예 きかい[kikai]　くさ[kɯsa]　きし[kiʃi]

② 무성음 다음에 오는 [i], [ɯ]가 단어 끝이나 문말(文末)에 올 때
  예 かつ[katsɯ]　からす[karasɯ]　あさひ[asahi]　です[desɯ]　ます[masɯ]

③ [a], [o]를 포함한 拍「か, は, こ, ほ」가 다음 拍에도 같은 모음이 올 경우
  예 かかし[kakaʃi]　こころ[kokoro]　はか[haka]　ほこり[hokori]

10) 기타

외래어를 가능한 한 원음에 가깝게 표기하기 위하여「ア, イ, エ, オ」를 작게 써서 표기하기도 한다.
  예 ファイト(투지)　パーティー(파티)　チェス(체스)　ウォン(원:화폐 단위)

あ행·ア행

일본어의 기본 모음이다.
우리말의 「아, 이, 우, 에, 오」와 비슷하게 발음되나
사실은 「아, 이, 우, 에, 오」보다 약간
입을 작게 벌리는 요령으로 발음한다.
특히 「う」는 우리말의 「우」와 「으」의 중간음으로
입술을 앞으로 너무 내밀거나
둥그렇게 하여 발음해서는 안되며
입술을 일자로 약간 벌리고 발음한다.
이 발음은 원래 음성 기호로는 [ɯ]로 표기해야 하나
간략하게 [u]로 표기하는 경우가 많다.
이 5개의 기본 모음 앞에 [k, s, t, n, h, m, j, r] 등의
자음이 붙어서 음절을 이루게 되는 것이다.

あ행	a	i	ɯ	e	o	ア행	a	i	ɯ	e	o
	あ	い	う	え	お		ア	イ	ウ	エ	オ

あ^행

[a] / 아이스크림 입을 너무 크게 벌리지 않는 상태에서 발음한다.

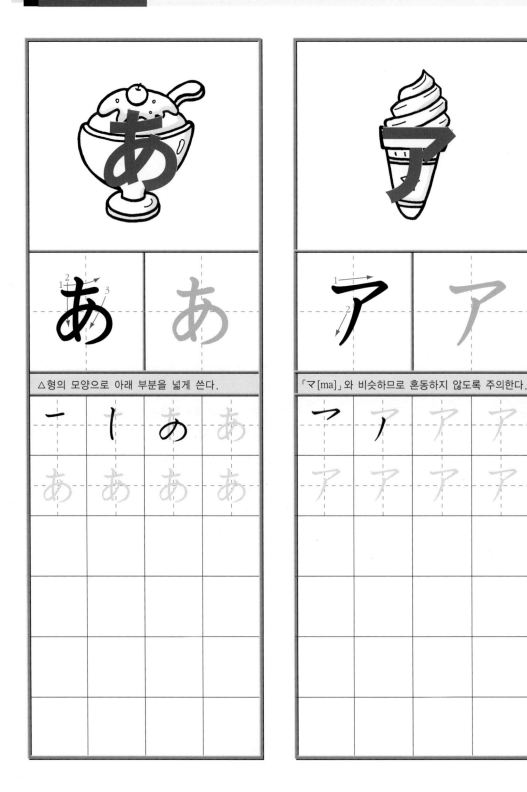

△형의 모양으로 아래 부분을 넓게 쓴다.

「マ[ma]」와 비슷하므로 혼동하지 않도록 주의한다.

18

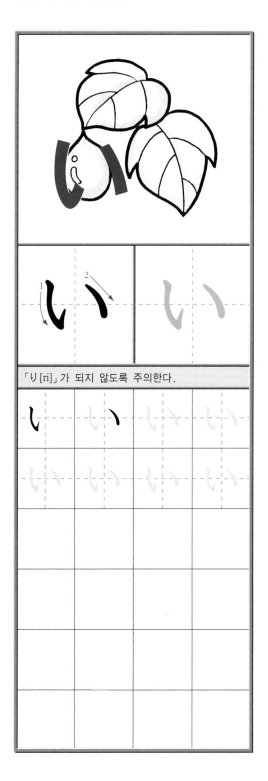

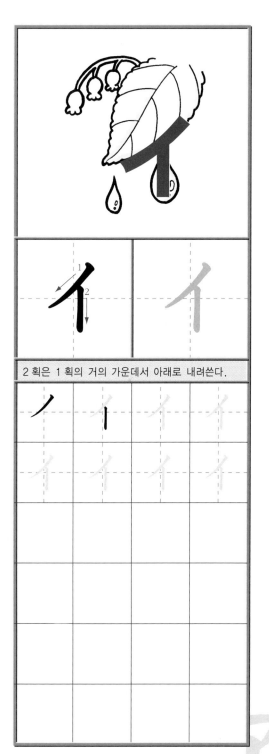

「り[ri]」가 되지 않도록 주의한다.

2 획은 1 획의 거의 가운데서 아래로 내려쓴다.

[ㅜ] / 우산   입을 작게 벌리고 입술을 너무 내밀어 발음해서는 안 된다.

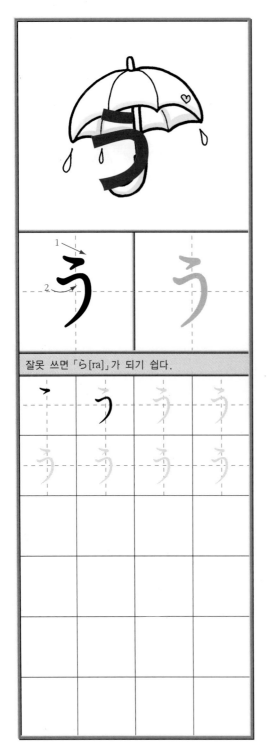

잘못 쓰면 「ら[ra]」가 되기 쉽다.

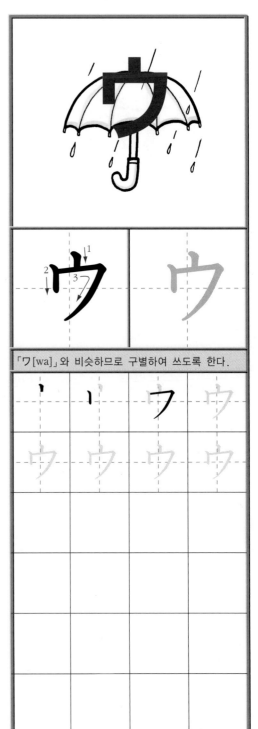

「ワ[wa]」와 비슷하므로 구별하여 쓰도록 한다.

△형의 모양으로 점은 중앙 높게 위치하도록 한다.

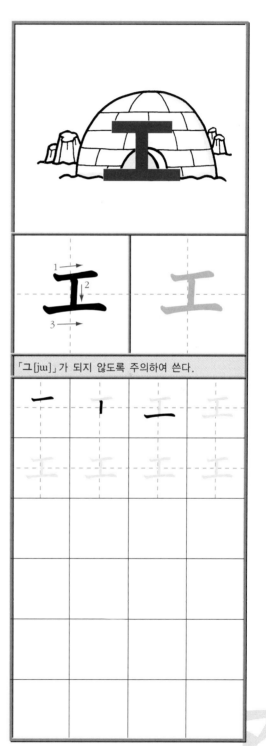

「그[jɯ]」가 되지 않도록 주의하여 쓴다.

[ㅇ] / 오리

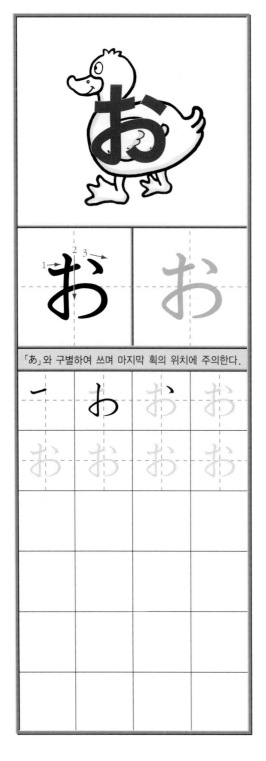

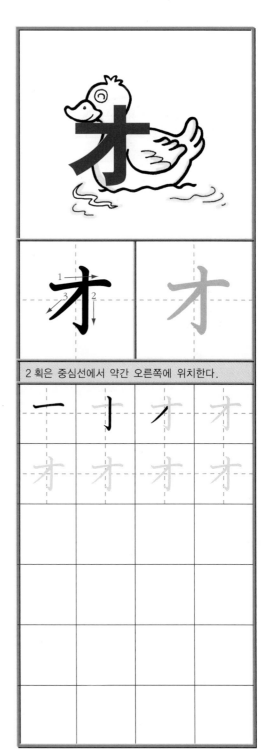

「あ」와 구별하여 쓰며 마지막 획의 위치에 주의한다.

2 획은 중심선에서 약간 오른쪽에 위치한다.

 확인 학습

あ・ア행의 문자를 그림 속에서 여러 번 반복해서 써 봅시다.

あ행	あ	い	う	え	お
ア행	ア	イ	ウ	エ	オ

あ・ア행의 문자를 그림을 생각하며 써 봅시다.

あ				
				お
	う			
	え			
	い			

ア				
				オ
	ウ			
			エ	
イ				

* 가타카나는 단어의 의미보다 글자를 익히는데 유의하면서 쓸 수 있도록
　히라가나와 같은 음의 글자를 배치하였다.

다음의 단어를 읽고, 써 봅시다.

あい 사랑 [ai]	あい				
いえ 집 [ie]	いえ				
うお 물고기 [ɯo]	うお				
え 그림 [e]	え				
あお 청색 [ao]	あお				
アイ [ai]	アイ				
イエ [ie]	イエ				
ウオ [ɯo]	ウオ				
エ [e]	エ				
アオ [ao]	アオ				

「か」행음의 자음 [k]는 어두에 올 때는
우리말의 [ㄱ]과 [ㅋ]의 중간음으로 발음되며,
어중이나 어말에서는 [ㄲ]음에 가깝게 발음된다.
우리말의 [ㄱ]은 어두에서는 [k]로 소리나고,
어중·어말에서는 [g]로 소리나기 때문에
「か」행이 어두에 올 때에는 「가, 기, 구, 게, 고」로
발음해도 무방하다.

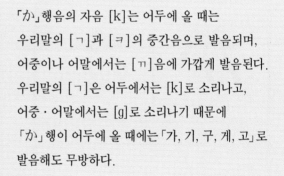

か행	ka	ki	ku	ke	ko	カ행	ka	ki	ku	ke	ko
	か	き	く	け	こ		カ	キ	ク	ケ	コ

か^행

3 획의 높이와 간격에 주의하여 쓴다.

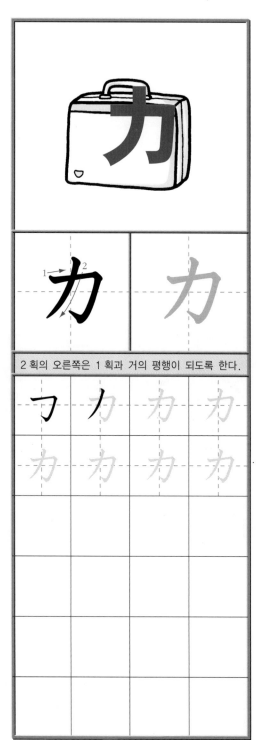

2 획의 오른쪽은 1 획과 거의 평행이 되도록 한다.

어두에서는 「기」와 「키」의 중간음, 어중·어말에서는 「끼」에 가까운 음이다.

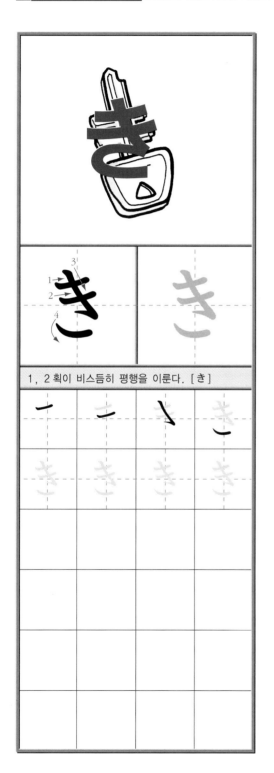

1, 2 획이 비스듬히 평행을 이룬다. [き]

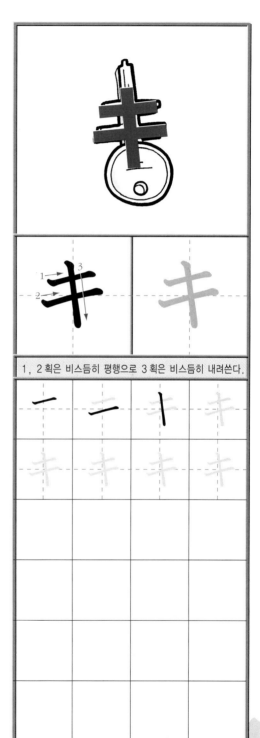

1, 2 획은 비스듬히 평행으로 3 획은 비스듬히 내려쓴다.

[ku] / 쿠키   어두에서는 「구」와 「쿠」의 중간음, 어중·어말에서는 「꾸」에 가까운 음이다.

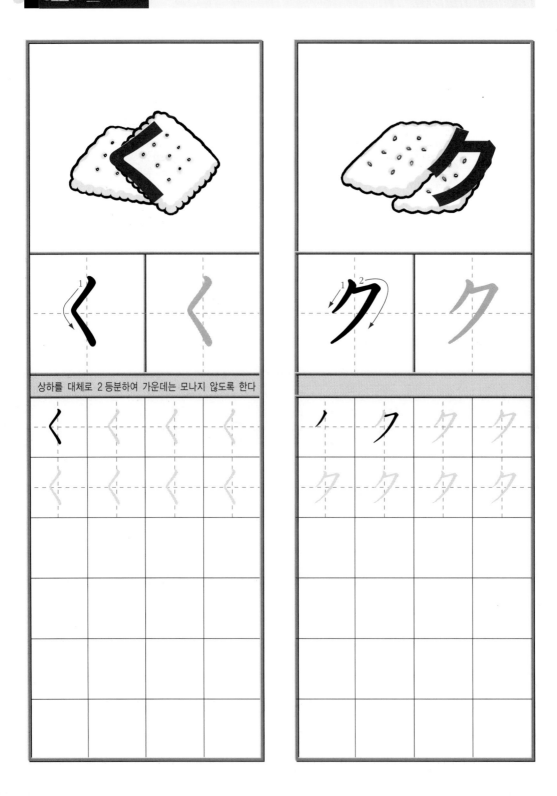

상하를 대체로 2등분하여 가운데는 모나지 않도록 한다

「게」가 초성에 올 때의 발음과 거의 유사하다.

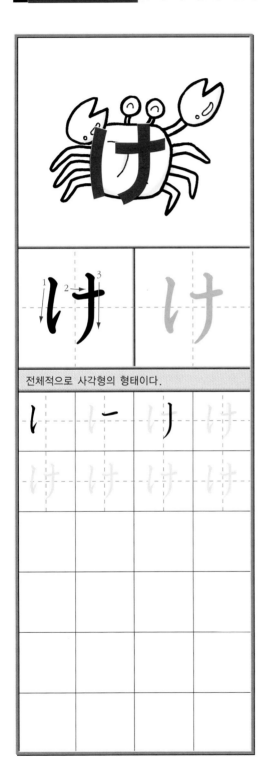

전체적으로 사각형의 형태이다.

사선은 거의 평행이 되며 너무 길지 않게 쓴다.

[ko] / 고리   「고」가 초성이 될 때의 발음과 거의 유사하다.

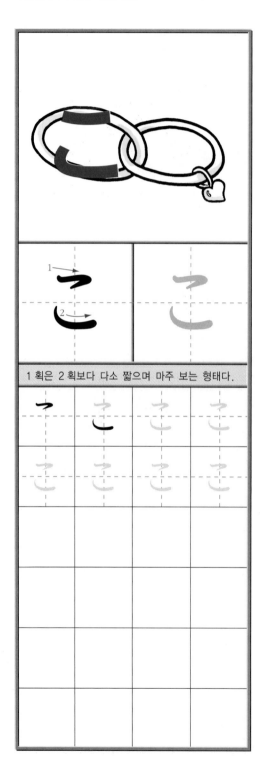

1 획은 2 획보다 다소 짧으며 마주 보는 형태다.

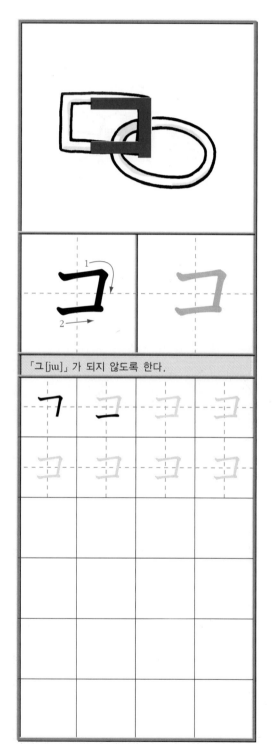

「그[ɯ]」가 되지 않도록 한다.

 확인 학습

か・カ행의 문자를 그림 속에서 여러 번 반복해서 써 봅시다.

か 행					
か 행	か	き	く	け	こ
カ 행	カ	キ	ク	ケ	コ

か・カ행의 문자를 그림을 생각하며 써 봅시다.

か				
				こ
		く		
			け	
	き			

カ				
				コ
		ク		
			ケ	
	キ			

 연습

* 가타카나는 단어의 의미보다 글자를 익히는데 유의하면서 쓸 수 있도록 히라가나와 같은 음의 글자를 배치하였다.

다음의 단어를 읽고, 써 봅시다.

かき 감 [kaki]	かき			
きおく 기억 [kiokɯ]	きおく			
くいき 구역 [kɯiki]	くいき			
けいこ 레슨 [ke:ko]	けいこ			
こえ 소리 [koe]	こえ			
カキ [kaki]	カキ			
キオク [kiokɯ]	キオク			
クイキ [kɯiki]	クイキ			
ケイコ [ke:ko]	ケイコ			
コエ [koe]	コエ			

「さ」행의 자음은 우리말의 [ㅅ], 그리고
영어의 [s]와 유사한 음이라 할 수 있다.
그러나 「し」는 구개음화된 음으로 [ʃi]로 발음되는데
영어의 [s]보다는 입술을 길게 하여
혀의 앞쪽 면을 사용하여 발음해야 한다.
「す」는 우리말의 「스」에 가까운 음이다.

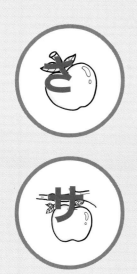

さ 행	sa	ʃi	su	se	so	サ 행	sa	ʃi	su	se	so
	さ	し	す	せ	そ		サ	シ	ス	セ	ソ

[sa] / 사과

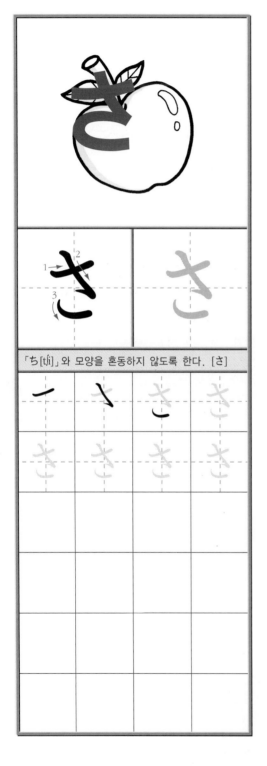

「ち[чi]」와 모양을 혼동하지 않도록 한다. [さ]

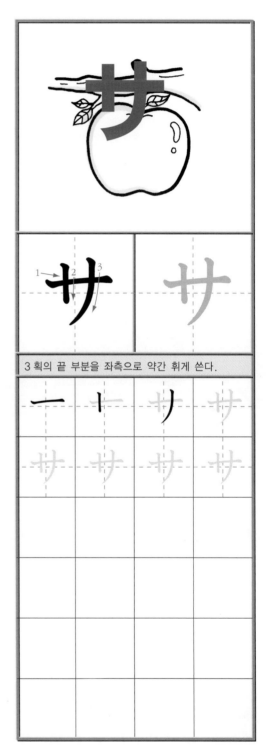

3획의 끝 부분을 좌측으로 약간 휘게 쓴다.

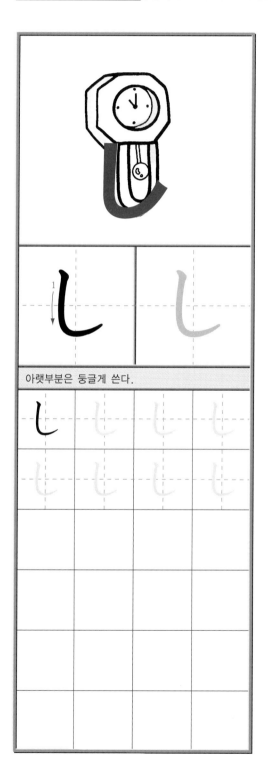

아랫부분은 둥글게 쓴다.

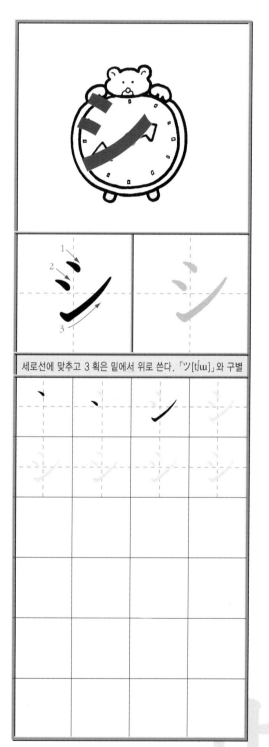

세로선에 맞추고 3 획은 밑에서 위로 쓴다. 「ツ[t/ɯ]」와 구별

[sɯ] / 수박   우리말의 「스」에 가까운 음이다.

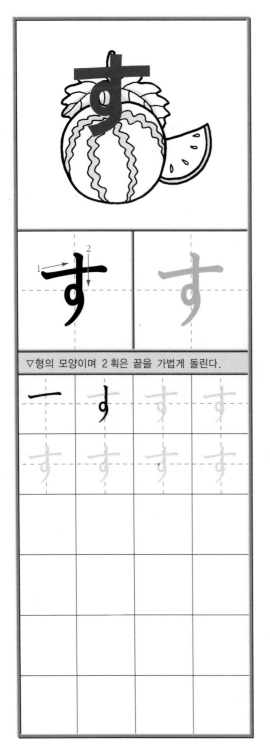

▽형의 모양이며 2획은 끝을 가볍게 돌린다.

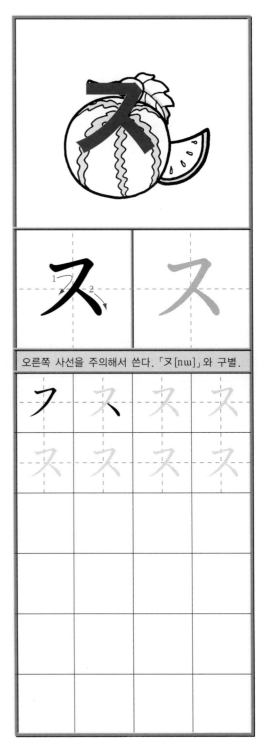

오른쪽 사선을 주의해서 쓴다. 「ヌ[nɯ]」와 구별.

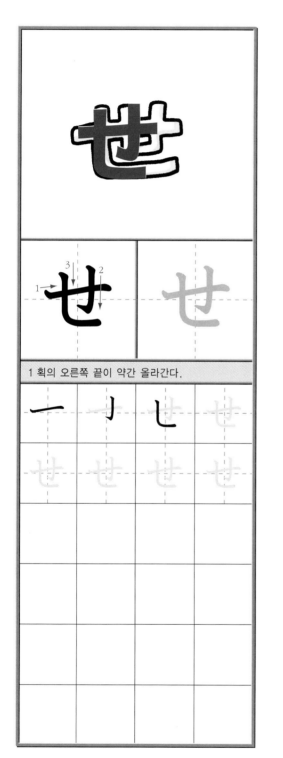

1 획의 오른쪽 끝이 약간 올라간다.

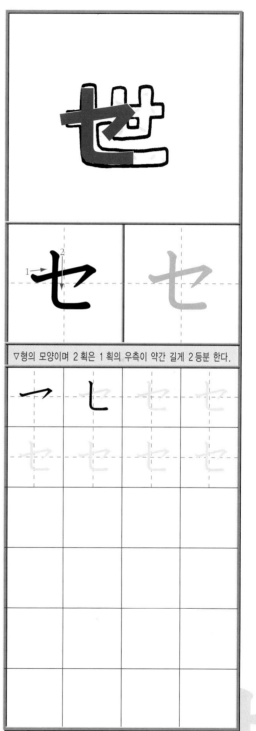

▽형의 모양이며 2 획은 1 획의 우측이 약간 길게 2등분 한다.

1 획과 2 획은 떼어 「そ」로 쓰기도 한다.

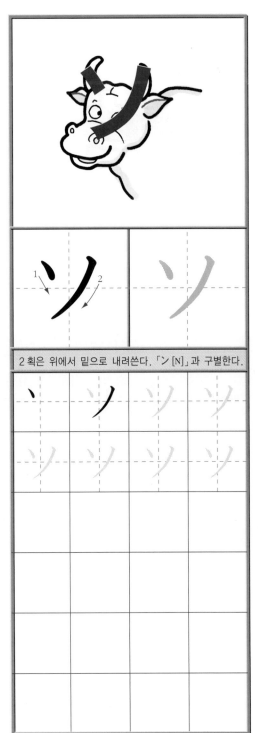

2 획은 위에서 밑으로 내려쓴다. 「ン [N]」과 구별한다.

확인 학습

さ・サ행의 문자를 그림 속에서 여러 번 반복해서 써 봅시다.

さ행	さ	す	す	せ	そ
サ행	サ	ソ	ス	セ	ソ

さ・サ행의 문자를 그림을 생각하며 써 봅시다.

さ				
				そ
		す		
			せ	
		し		

サ				
				ソ
			ス	
			セ	
			シ	

연습

단어 연습

* 가타카나는 단어의 의미보다 글자를 익히는데 유의하면서 쓸 수 있도록 히라가나와 같은 음의 글자를 배치하였다.

다음의 단어를 읽고, 써 봅시다.

さけ 술 [sake]	さけ				
しお 소금 [ʃio]	しお				
すし 초밥 [sɯʃi]	すし				
せかい 세계 [sekai]	せかい				
そこ 거기 [soko]	そこ				
サケ [sake]	サケ				
シオ [ʃio]	シオ				
スシ [sɯʃi]	スシ				
セカイ [sekai]	セカイ				
ソコ [soko]	ソコ				

「た」행음 중「た・て・と／タ・テ・ト」는「か」행과
마찬가지로 어두에 올 때는 [ㄷ]과 [ㅌ]의 중간음이며
어중과 어말에서는 [ㄸ]에 가깝게 발음된다.
「ち」는 [ㅈ]과 [ㅊ]의 중간음으로
어두에 올 때는 우리말「치」보다 약하게 발음하고
어중과 어말에서는「찌」에 가깝게 발음된다.
「つ」는 우리말에 없는 음으로
혀끝을 윗잇몸과 윗니 사이에 대고 가볍게 터뜨리면서
「츠」보다 약하게 발음하면 된다.
이 때「쓰」나「쯔」로 발음되지 않도록 한다.
[sports]의 밑줄 친 부분의 음과 거의 비슷하다.

た행	ta	tʃi	tsɯ	te	to	タ행	ta	tʃi	tsɯ	te	to
	た	ち	つ	て	と		タ	チ	ツ	テ	ト

た행

[ta] / 타올　　「다」음이 초성으로 발음될 때의 음과 거의 유사하다. 어중과 어말에서는 「따」에 가까운 음.

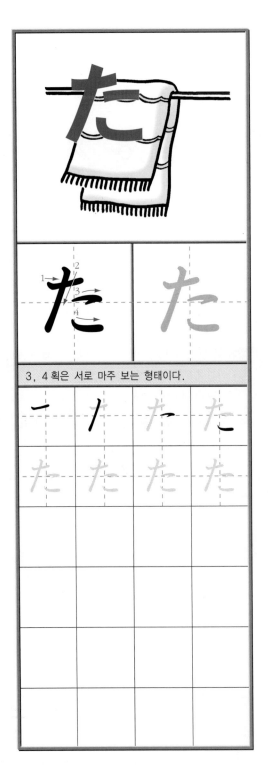

3, 4 획은 서로 마주 보는 형태이다.

一	ナ	た	た
た	た	た	た

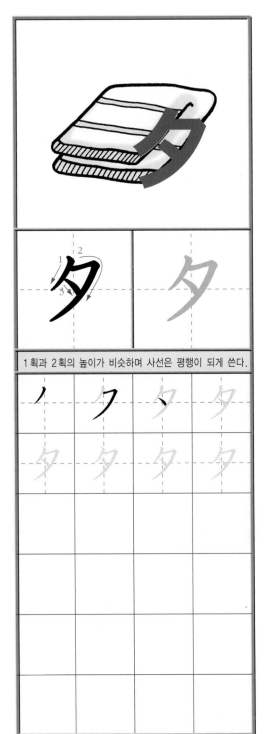

1획과 2획의 높이가 비슷하며 사선은 평행이 되게 쓴다.

ノ	ク	タ	タ
タ	タ	タ	タ

「さ」와 혼동하지 않도록 한다.

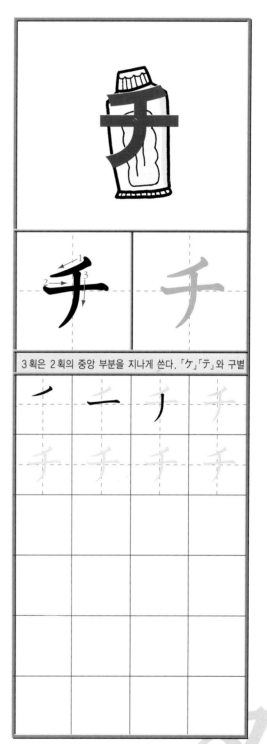

3획은 2획의 중앙 부분을 지나게 쓴다. 「ケ」「テ」와 구별

た^행

[tsɯ] / 부츠　혀끝을 윗잇몸과 윗니 사이에 대고 가볍게 터트리면서 「츠」보다 약하게 발음한다.

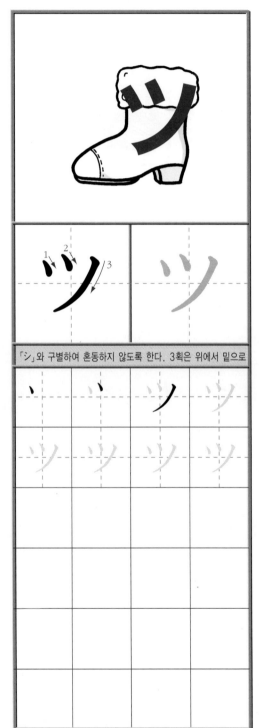

어두에서는 「데」 와 「테」 의 중간음, 어중과 어말에서는 「떼」 에 가깝게 발음된다.

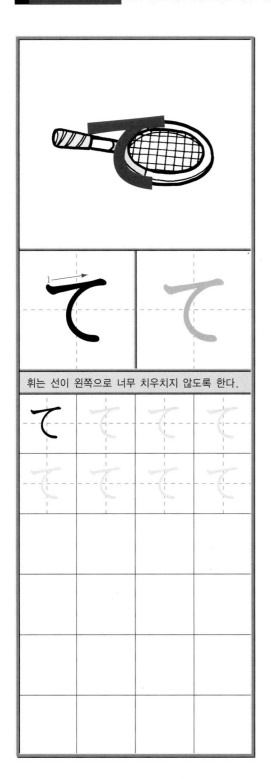

휘는 선이 왼쪽으로 너무 치우치지 않도록 한다.

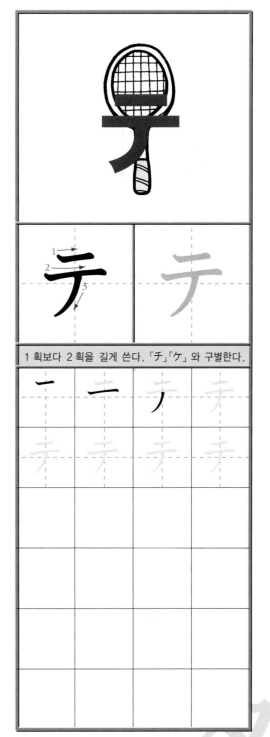

1 획보다 2 획을 길게 쓴다. 「チ」「ケ」 와 구별한다.

た행

[to] / 토끼　　어두에서는 「도」와 「토」의 중간음, 어중과 어말에서는 「또」에 가깝게 발음된다.

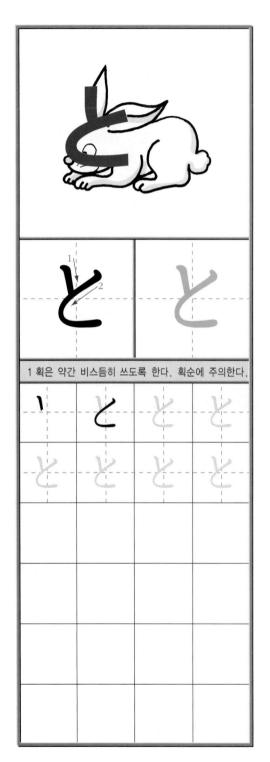

1 획은 약간 비스듬히 쓰도록 한다. 획순에 주의한다.

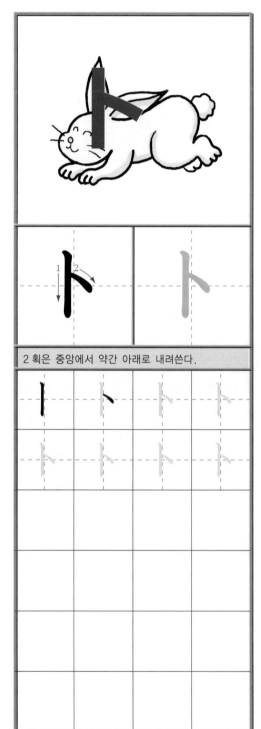

2 획은 중앙에서 약간 아래로 내려쓴다.

た・夕행의 문자를 그림 속에서 여러 번 반복해서 써 봅시다.

た행	た	ち	つ	て	と
夕행	夕	チ	ツ	テ	ト

た・夕행의 문자를 그림을 생각하며 써 봅시다.

た				
				と
		つ		
			て	
	ち			

夕				
				ト
		ツ		
			テ	
	チ			

단어 연습

* 가타카나는 단어의 의미보다 글자를 익히는데 유의하면서 쓸 수 있도록
히라가나와 같은 음의 글자를 배치하였다.

다음의 단어를 읽고, 써 봅시다.

たかい 높다[takai]	たかい				
ちえ 지혜[tʃie]	ちえ				
つち 흙[tsɯtʃi]	つち				
てあし 손발[teaʃi]	てあし				
とけい 시계[tokeː]	とけい				
タカイ [takai]	タカイ				
チエ [tʃie]	チエ				
ツチ [tsɯtʃi]	ツチ				
テアシ [teaʃi]	テアシ				
トケイ [tokeː]	トケイ				

「な」행의 자음은 우리말의 [ㄴ]과 비슷하다.
혀가 경구개(윗잇몸의 단단한 부분)에
붙었다가 떨어지면서 나는 비음이며
영어의 [n]에 해당하는 음이다.
그러나 「に」는 우리말의 「니」보다
더 구개음화된 [ni] 음으로 콧소리처럼 발음한다.

な 행	na	ni	nɯ	ne	no	ナ 행	na	ni	nɯ	ne	no
	な	に	ぬ	ね	の		ナ	ニ	ヌ	ネ	ノ

[na] / 나무

2 획은 1 획의 중심을 지나도록 비스듬히 쓴다.

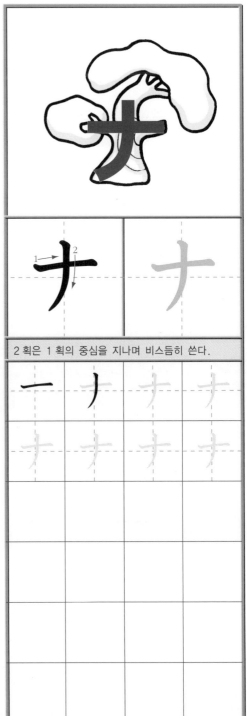

2 획은 1 획의 중심을 지나며 비스듬히 쓴다.

우리말의 「니」보다 혀가 약간 뒤쪽에 위치한다.

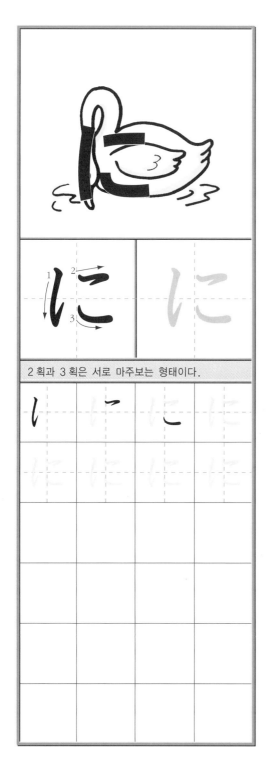

2획과 3획은 서로 마주보는 형태이다.

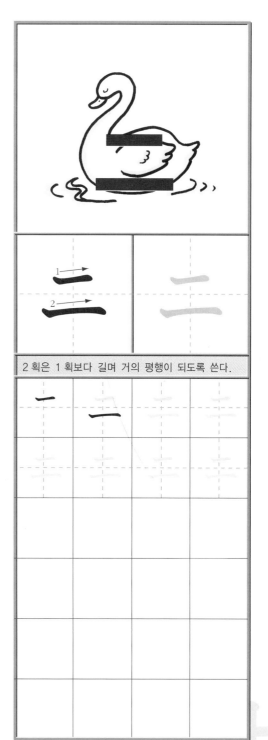

2획은 1획보다 길며 거의 평행이 되도록 쓴다.

[nɯ] / 카누

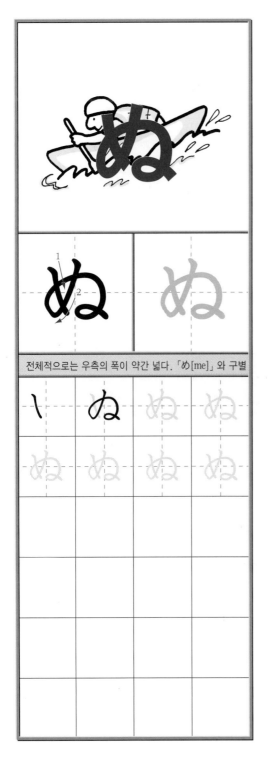

전체적으로는 우측의 폭이 약간 넓다. 「め[me]」와 구별

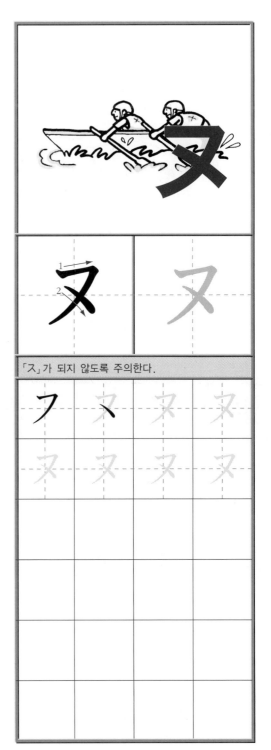

「ス」가 되지 않도록 주의한다.

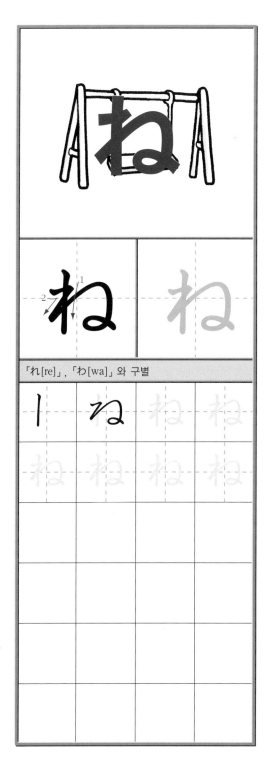

「れ[re]」, 「わ[wa]」와 구별

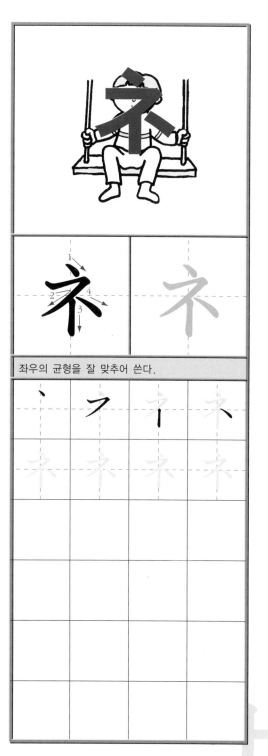

좌우의 균형을 잘 맞추어 쓴다.

[no] / No Smoking

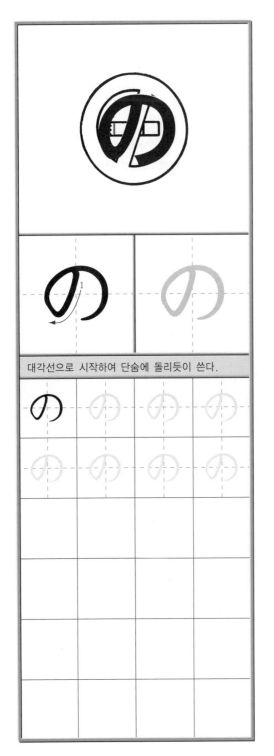

대각선으로 시작하여 단숨에 돌리듯이 쓴다.

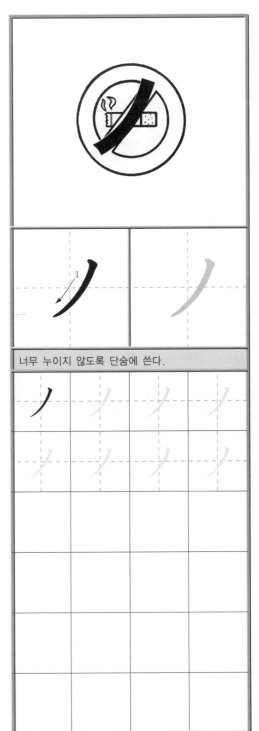

너무 누이지 않도록 단숨에 쓴다.

확인 학습

な・ナ행의 문자를 그림 속에서 여러 번 반복해서 써 봅시다.

な행	な	に	ぬ	ね	の
ナ행	ナ	ニ	ヌ	ネ	ノ

な・ナ행의 문자를 그림을 생각하며 써 봅시다.

な				の
		ぬ		
		ね		
	に			

ナ				ノ
		ヌ		
		ネ		
	ニ			

연습

* 가타카나는 단어의 의미보다 글자를 익히는데 유의하면서 쓸 수 있도록
  히라가나와 같은 음의 글자를 배치하였다.

다음의 단어를 읽고, 써 봅시다.

なつ 여름 [natsɯ]	なつ			
にく 고기 [nikɯ]	にく			
ぬの 천 [nɯno]	ぬの			
ねこ 고양이 [neko]	ねこ			
のき 처마 [noki]	のき			
ナツ [natsɯ]	ナツ			
ニク [nikɯ]	ニク			
ヌノ [nɯno]	ヌノ			
ネコ [neko]	ネコ			
ノキ [noki]	ノキ			

は행·ハ행

「は」행의「は・へ・ほ」는 우리말의 [ㅎ]과 비슷하
다. 혀뿌리와 연구개 사이의 좁은 공간을 통해 나오는
약한 마찰음으로 영어의 [h]와 같으나
「ひ」는 입안에서 구개음화되어 나오는 마찰음이다.
「ひ」와「ふ」는 우리말의 [히], [후]보다
세게 발음되는 경향이 있으며「ひ」와「ふ」는
본래 음성 기호로는 각각 [çi], [ɸɯ]로 표기하며,
「ひ」는 독일어의 Ich[içi]의 ch[çi]와 같은 음이고,
「ふ」는 촛불을「후!」하고 불며 끌 때 나는
소리처럼 발음한다.

は행	ha	hi	hu	he	ho	ハ행	ha	hi	hu	he	ho
	は	ひ	ふ	へ	ほ		ハ	ヒ	フ	ヘ	ホ

は행

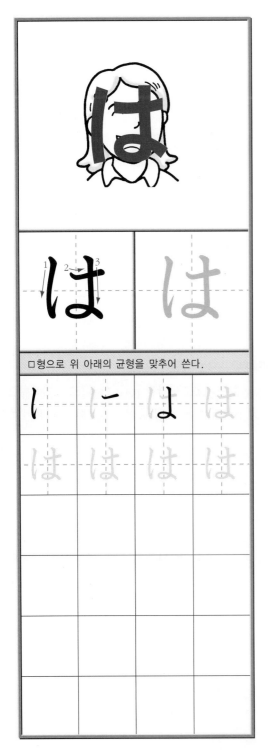

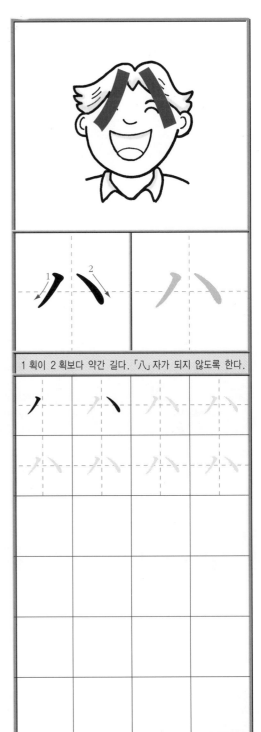

[ha] / (웃음) 하하…

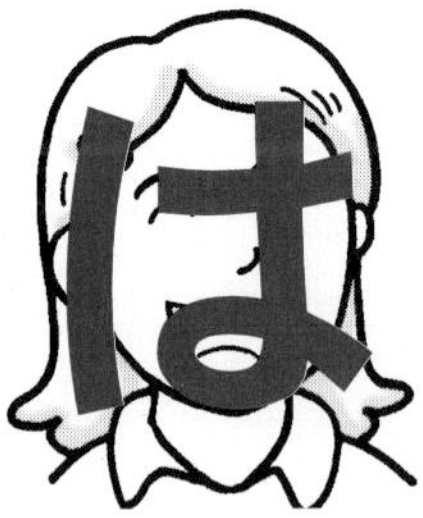

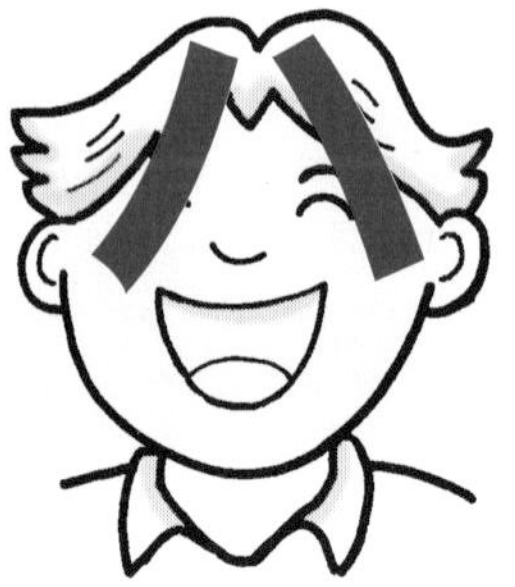

は	は

□형으로 위 아래의 균형을 맞추어 쓴다.

ハ	ハ

1 획이 2 획보다 약간 길다. 「八」자가 되지 않도록 한다.

왼쪽으로 약간 비스듬한 모양이다.

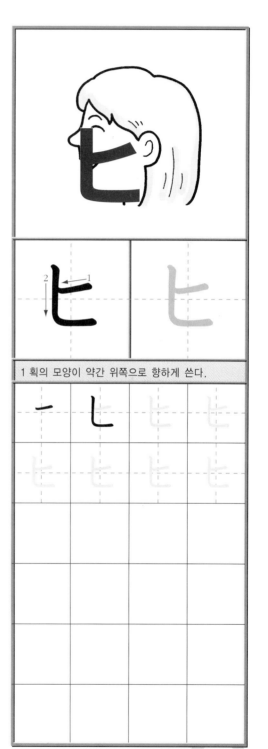

1 획의 모양이 약간 위쪽으로 향하게 쓴다.

は행

[hɯ]/(웃음) 호후…

좌우의 균형을 맞추어 쓴다. 보통 「ふ」처럼 쓰기도 한다.

모서리가 둥글지 않도록 한다.

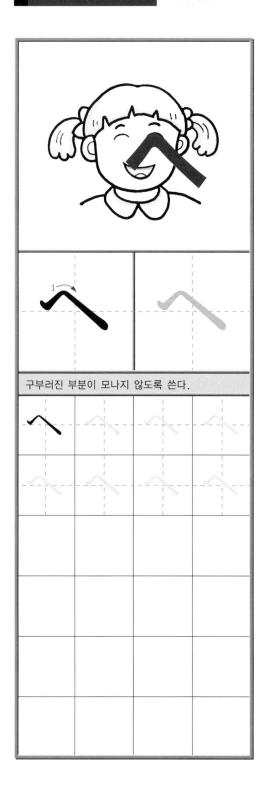

구부러진 부분이 모나지 않도록 쓴다.

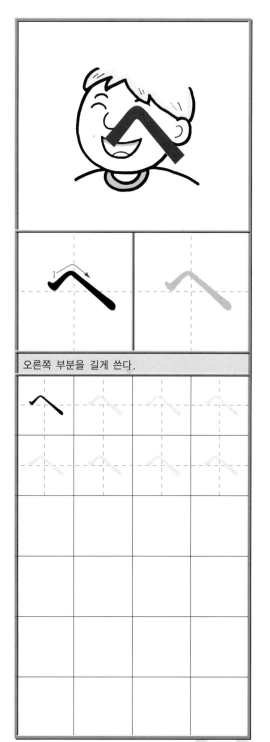

오른쪽 부분을 길게 쓴다.

[ho] / (웃음) 호호…

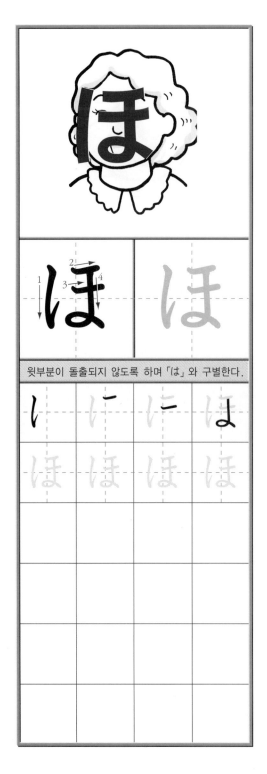

윗부분이 돌출되지 않도록 하며 「は」와 구별한다.

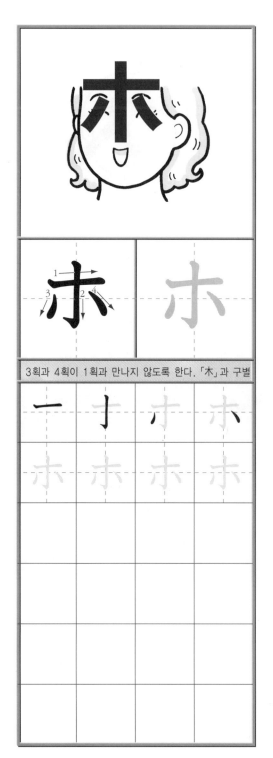

3획과 4획이 1획과 만나지 않도록 한다. 「木」과 구별

확인 학습

は・ハ행의 문자를 그림 속에서 여러 번 반복해서 써 봅시다.

は행	は	ひ	ふ	へ	ほ
ハ행	ハ	ヒ	フ	ヘ	ホ

は・ハ행의 문자를 그림을 생각하며 써 봅시다.

は				
				ほ
		ふ		
				へ
		ひ		

ハ				
				ホ
		フ		
				ヘ
		ヒ		

단어 연습

* 가타카나는 단어의 의미보다 글자를 익히는데 유의하면서 쓸 수 있도록
히라가나와 같은 음의 글자를 배치하였다.

다음의 단어를 읽고, 써 봅시다.

はな 꽃 [hana]	はな			
ひと 사람 [hito]	ひと			
ふね 배(船) [hɯne]	ふね			
へそ 배꼽 [heso]	へそ			
ほし 별 [hoʃi]	ほし			
ハナ [hana]	ハナ			
ヒト [hito]	ヒト			
フネ [hɯne]	フネ			
ヘソ [heso]	ヘソ			
ホシ [hoʃi]	ホシ			

「ま」행의 첫 자음은 우리말의 [ㅁ]과 같아서
발음하는데 큰 문제는 없다.
영어의 [m]에 해당하는 음이다.

ま행	ma	mi	mu	me	mo	マ행	ma	mi	mu	me	mo
	ま	み	む	め	も		マ	ミ	ム	メ	モ

[ma] / 마스크

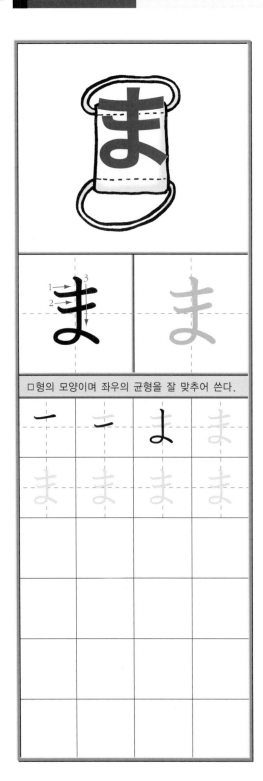

□형의 모양이며 좌우의 균형을 잘 맞추어 쓴다.

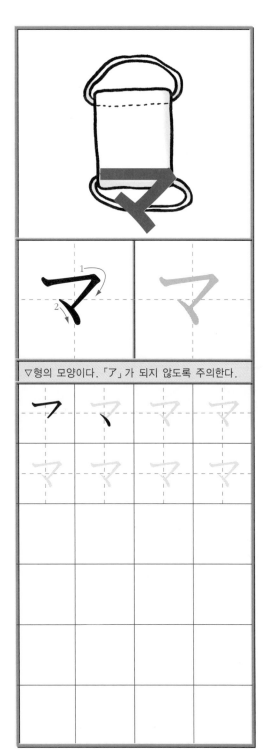

▽형의 모양이다. 「ア」가 되지 않도록 주의한다.

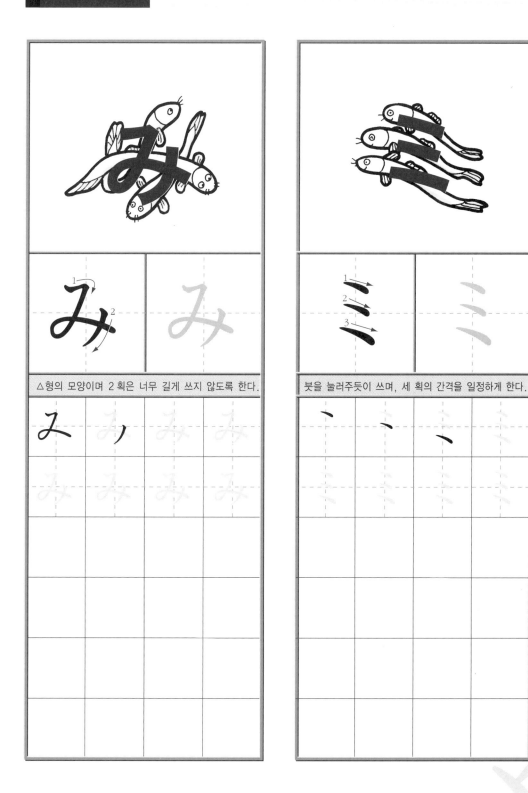

△형의 모양이며 2 획은 너무 길게 쓰지 않도록 한다.

붓을 눌러주듯이 쓰며, 세 획의 간격을 일정하게 한다.

ま행

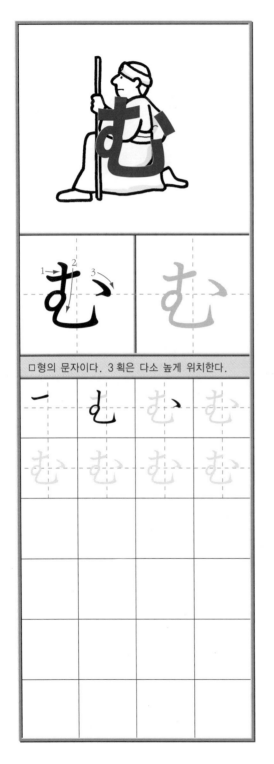

□형의 문자이다. 3획은 다소 높게 위치한다.

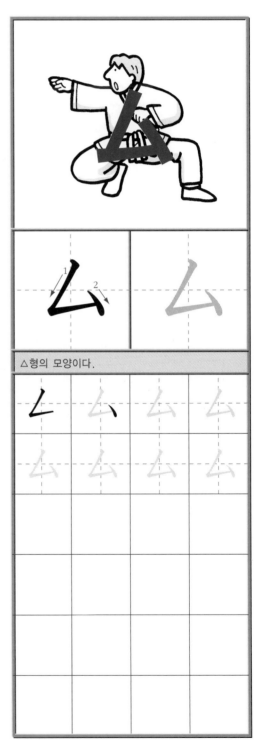

△형의 모양이다.

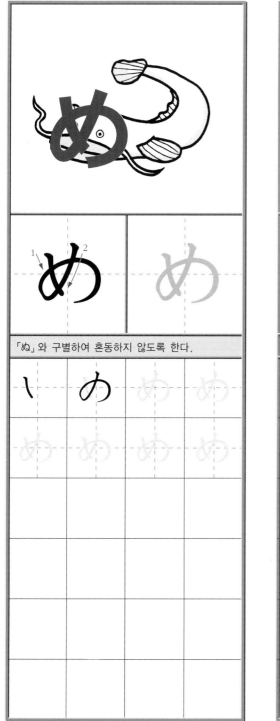

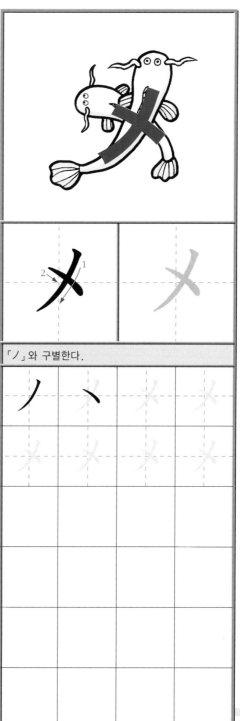

「ぬ」와 구별하여 혼동하지 않도록 한다.

「ノ」와 구별한다.

[mo] / 모자

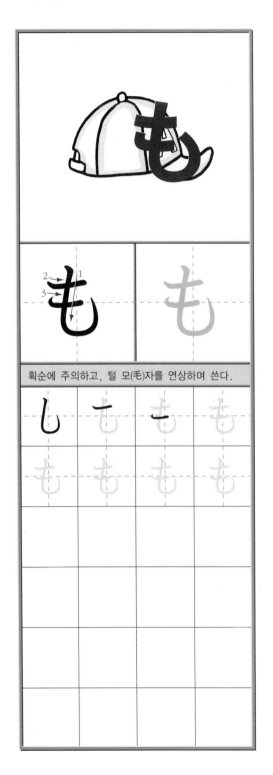

획순에 주의하고, 털 모(毛)자를 연상하며 쓴다.

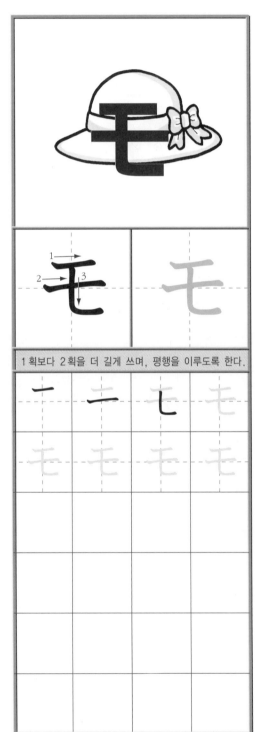

1획보다 2획을 더 길게 쓰며, 평행을 이루도록 한다.

확인 학습

ま・マ행의 문자를 그림 속에서 여러 번 반복해서 써 봅시다.

ま행	ま	み	む	め	も
マ행	マ	ミ	ム	メ	モ

ま・マ행의 문자를 그림을 생각하며 써 봅시다.

ま				
				も
		む		
			め	
	み			

マ				
				モ
			ム	
				メ
			ミ	

단어 연습

＊ 가타카나는 단어의 의미보다 글자를 익히는데 유의하면서 쓸 수 있도록
히라가나와 같은 음의 글자를 배치하였다.

다음의 단어를 읽고, 써 봅시다.

まめ 콩 [mame]	まめ			
みせ 가게 [mise]	みせ			
むね 가슴 [mɯne]	むね			
めあて 목표 [meate]	めあて			
もち 떡 [motʃi]	もち			
マメ [mame]	マメ			
ミセ [mise]	ミセ			
ムネ [mɯne]	ムネ			
メアテ [meate]	メアテ			
モチ [motʃi]	モチ			

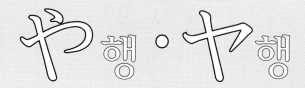

や행・ヤ행

반모음 [j]로 시작하며 각각 [ja, ju, jo]의
세 음절이 있는데 우리말의 「야, 유, 요」처럼 발음한다.
단, 이때 「や, ゆ, よ」는 입술을 앞으로
너무 내밀어서는 안 된다.

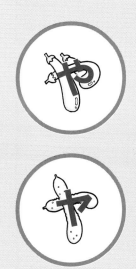

や행	ja	ju	jo	ヤ행	ja	ju	jo
	や	ゆ	よ		ヤ	ユ	ヨ

や 행

[ja] / 야채

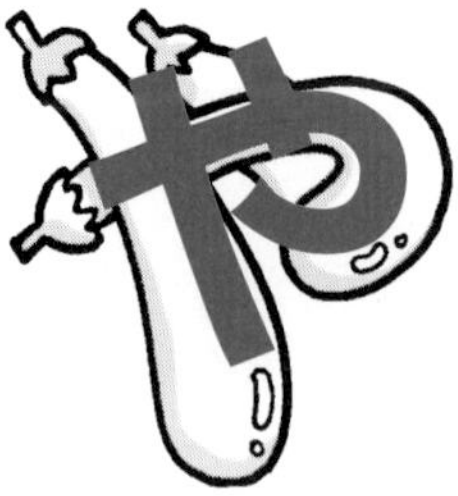

や

1 획은 약간 비스듬하게 밑으로 내려쓴다.

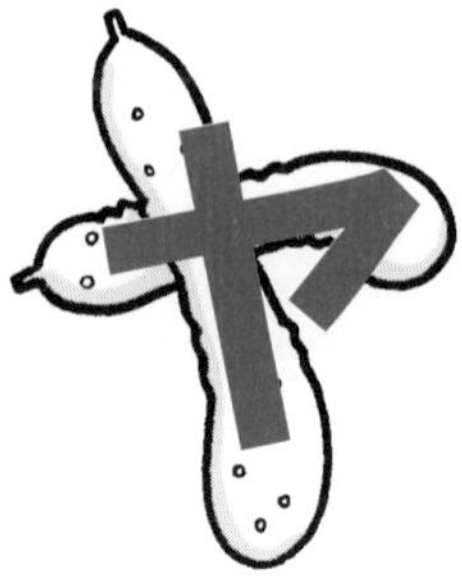

ヤ

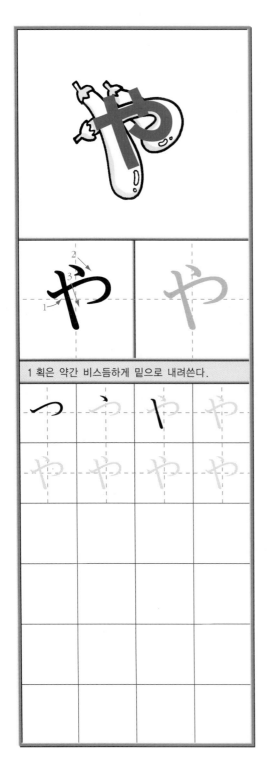

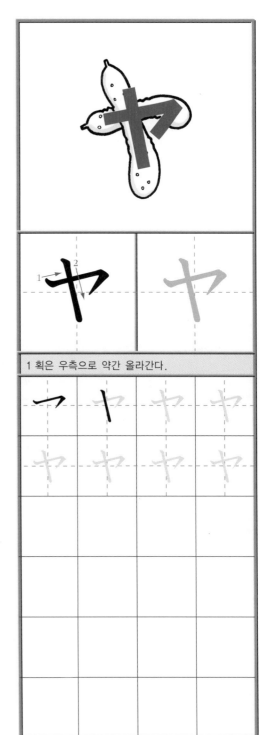

1 획은 우측으로 약간 올라간다.

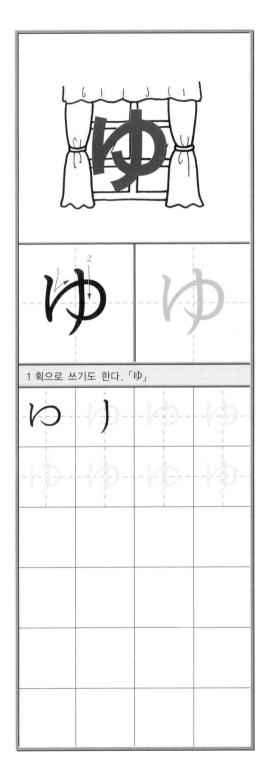

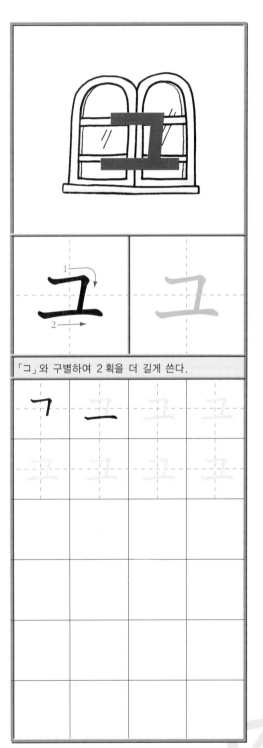

1 획으로 쓰기도 한다. 「ゆ」

「그」와 구별하여 2 획을 더 길게 쓴다.

[jo] / 요구르트

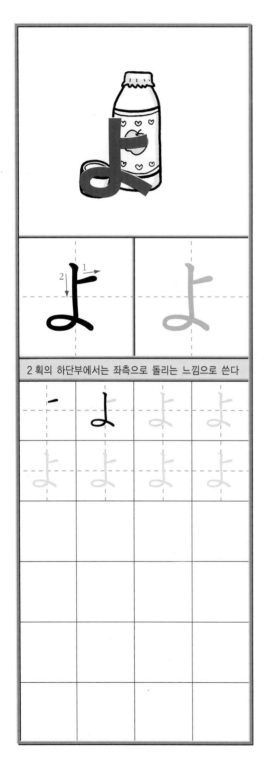

2 획의 하단부에서는 좌측으로 돌리는 느낌으로 쓴다

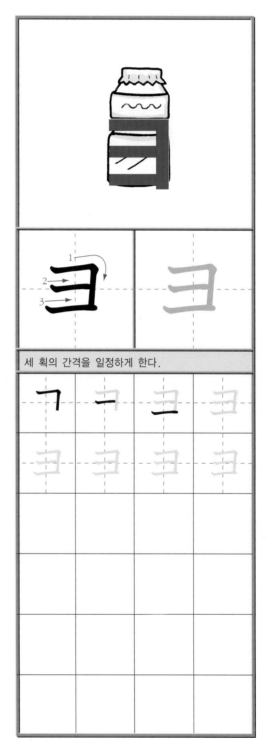

세 획의 간격을 일정하게 한다.

확인 학습

や・ヤ행의 문자를 그림 속에서 여러 번 반복해서 써 봅시다.

や행	や		ゆ		よ
ヤ행	ヤ		ユ		ユ

や・ヤ행의 문자를 그림을 생각하며 써 봅시다.

や				
				よ
		ゆ		

ヤ				
				ヨ
			ユ	

단어 연습

다음의 단어를 읽고, 써 봅시다.

やま 산 [jama]	やま			
はなや 꽃집 [hanaja]	はなや			
ゆき 눈 [juki]	ゆき			
ゆめ 꿈 [jume]	ゆめ			
よこ 옆 [joko]	よこ			
ヤマ [jama]	ヤマ			
ハナヤ [hanaja]	ハナヤ			
ユキ [juki]	ユキ			
ユメ [jume]	ユメ			
ヨコ [joko]	ヨコ			

ら행·ラ행

「ら」행의 자음은 우리말의 [ㄹ]음과 비슷하다.
「라, 리, 루, 레, 로」로 발음한다.
영어의 [r]이나 [l]보다는
우리말의 [ㄹ]에 더 가깝다.

ら행	ra	ri	rɯ	re	ro	ラ행	ra	ri	rɯ	re	ro
	ら	り	る	れ	ろ		ラ	リ	ル	レ	ロ

[ra] / 라이터

「う」가 되지 않도록 유의한다.

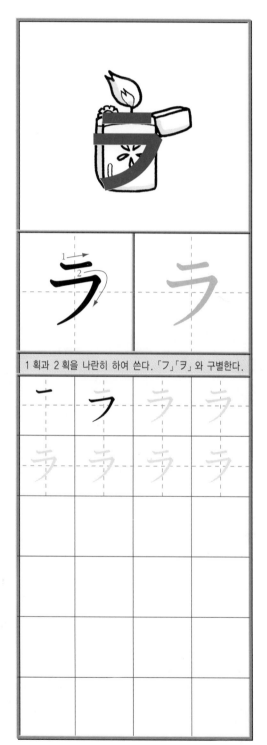

1획과 2획을 나란히 하여 쓴다. 「フ」「ク」와 구별한다.

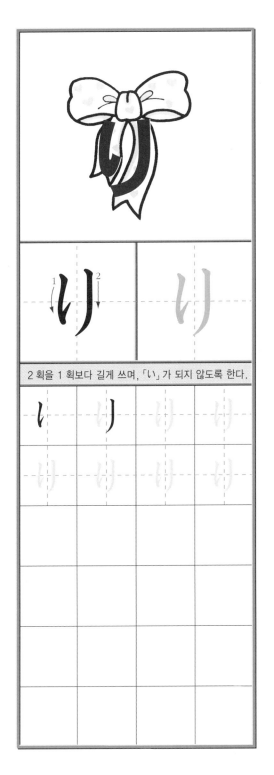

2 획을 1 획보다 길게 쓰며,「い」가 되지 않도록 한다.

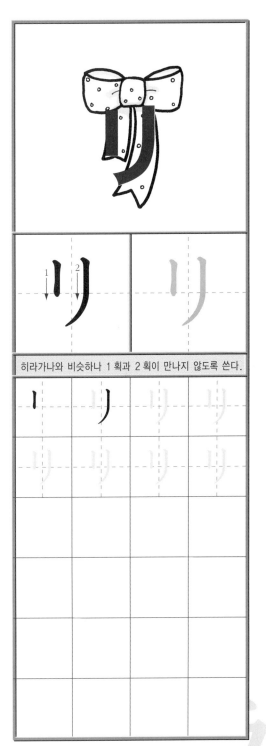

히라가나와 비슷하나 1 획과 2 획이 만나지 않도록 쓴다.

[rɯ] / 루즈

마지막 감는 부분이 밖으로 나오지 않도록 쓴다.

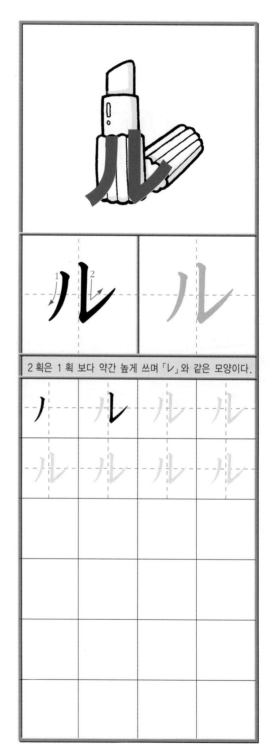

2 획은 1 획 보다 약간 높게 쓰며 「レ」와 같은 모양이다.

「ね」「わ」와 혼동하지 않도록 주의한다.

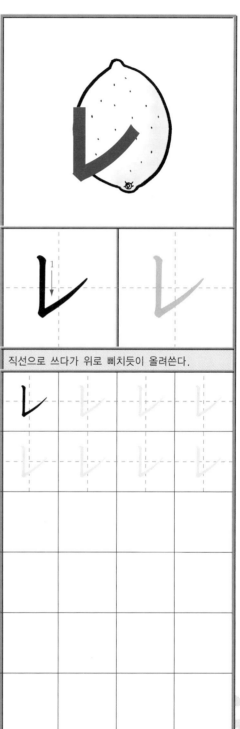

직선으로 쓰다가 위로 삐치듯이 올려쓴다.

[ro] / 로봇

△형의 모양으로 「る」가 되지 않도록 주의한다.

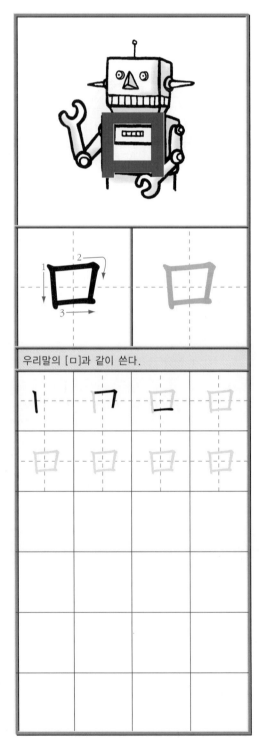

우리말의 [ㅁ]과 같이 쓴다.

확인 학습

ら · ラ행의 문자를 그림 속에서 여러 번 반복해서 써 봅시다.

ら행					
ラ행					

ら · ラ행의 문자를 그림을 생각하며 써 봅시다.

ら				
				ろ
		る		
			れ	
	り			

ラ				
				ロ
		ル		
			レ	
	リ			

 연습

* 가타카나는 단어의 의미보다 글자를 익히는데 유의하면서 쓸 수 있도록 히라가나와 같은 음의 글자를 배치하였다.

다음의 단어를 읽고, 써 봅시다.

らく 편안함 [rakɯ]	らく			
りかい 이해 [rikai]	りかい			
るす 부재중 [rɯsɯ]	るす			
れきし 역사 [rekiʃi]	れきし			
ろく 육(6)[rokɯ]	ろく			
ラク [rakɯ]	ラク			
リカイ [rikai]	リカイ			
ルス [rɯsɯ]	ルス			
レキシ [rekiʃi]	レキシ			
ロク [rokɯ]	ロク			

わ행・ワ행

우리말의「와, 오」로 발음한다.
「を」는「あ단」의「お」와 발음이 같으며,
단어 속에서 쓰이지 않고 목적격 조사(~을, 를)로만
쓰이는 특이한 음이다.
「ん・ン」은 음소로는 [N]이 되나
뒤에 오는 음에 따라서
[n], [m], [ŋ], [N] (비음)으로 발음한다.

わ행	wa		o		N		ワ행	wa		o		N
	わ		を		ん			ワ		ヲ		ン

[wa]/(함성)와! 우리말의 「와」의 발음과 동일하다.

2 획의 우측이 곡선이 되도록 한다. 「れ」와 구별

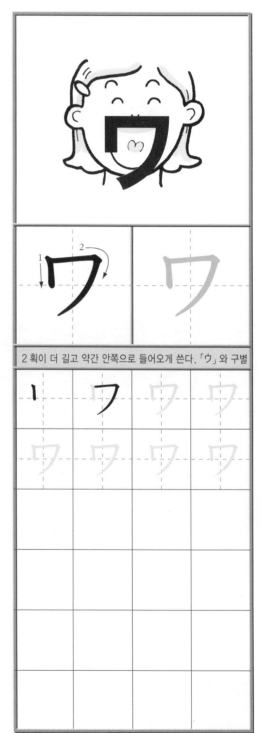

2 획이 더 길고 약간 안쪽으로 들어오게 쓴다. 「ウ」와 구별

3획이 앞으로 둥글게 나오도록 쓴다.

1획과 2획이 거의 평행이며 3획은 사선으로 쓴다.

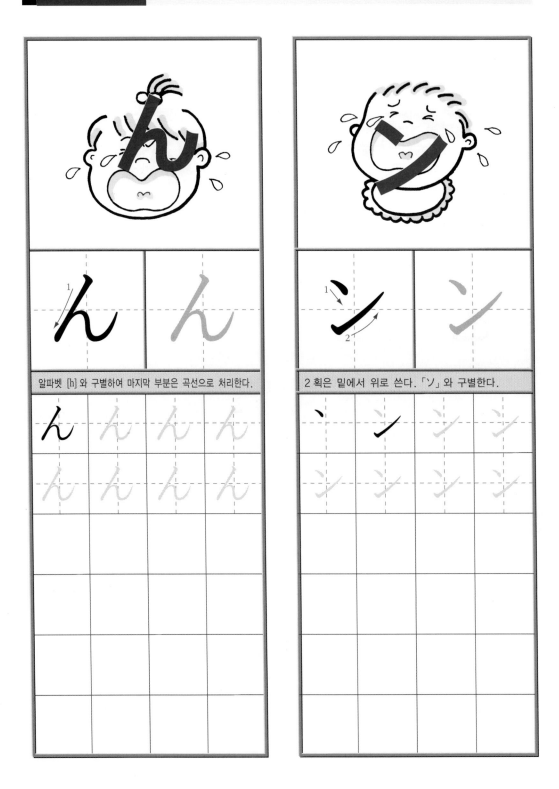

알파벳 [h]와 구별하여 마지막 부분은 곡선으로 처리한다.

2획은 밑에서 위로 쓴다.「ソ」와 구별한다.

학습

わ・ワ행의 문자를 그림 속에서 여러 번 반복해서 써 봅시다.

わ행					
ワ행					

わ・ワ행의 문자를 그림을 생각하며 써 봅시다.

わ				
		を		
			ん	

ワ				
		ヲ		
			ン	

단어 연습

다음의 단어를 읽고, 써 봅시다.

わに 악어 [wani]	わに		
わかい 젊다 [wakai]	わかい		
わらう 웃다 [waraɯ]	わらう		
ほんをよむ 책을 읽다 [hoŋojomɯ]	ほんをよむ		
えをみる 그림을 보다 [eomiɾɯ]	えをみる		
ワイン 와인 [waiN]	ワイン		
ワイフ 부인 [waihɯ]	ワイフ		
ワールド 세계 [waːɾɯdo]	ワールド		
ワルツ 왈츠 [waɾɯtsɯ]	ワルツ		
ワイヤ 전선 [waija]	ワイヤ		

1 총정리

ひらがな

다음 그림 속에서 「ひらがな」를 써 봅시다.

あ	い	う	え	お
か	き	く	け	こ
さ	し	す	せ	そ
た	ち	つ	て	と
な	に	ぬ	ね	の

다음 그림 속에서「ひらがな」를 써 봅시다.

は	ひ	ふ	へ	ほ
ま	み	む	め	も
や		ゆ		よ
ら	り	る	れ	ろ
わ		を		ん

ひらがな

그림을 연상하며 「단(段)」별로 두 번씩 써 봅시다.

あ단	い단	う단	え단	お단

カタカナ

다음 그림 속에서 「カタカナ」를 써 봅시다.				

ア	イ	ウ	エ	オ
カ	キ	タ	ガ	ロ
サ	シ	ス	セ	ソ
タ	チ	ツ	テ	ト
ナ	ニ	ヌ	ネ	ノ

カタカナ

다음 그림 속에서 「カタカナ」를 써 봅시다.				
ハ	ヒ	フ	ヘ	ホ
マ	ミ	ム	メ	モ
ヤ		ユ		ヨ
ラ	リ	ル	レ	ロ
ワ		ヲ		ン

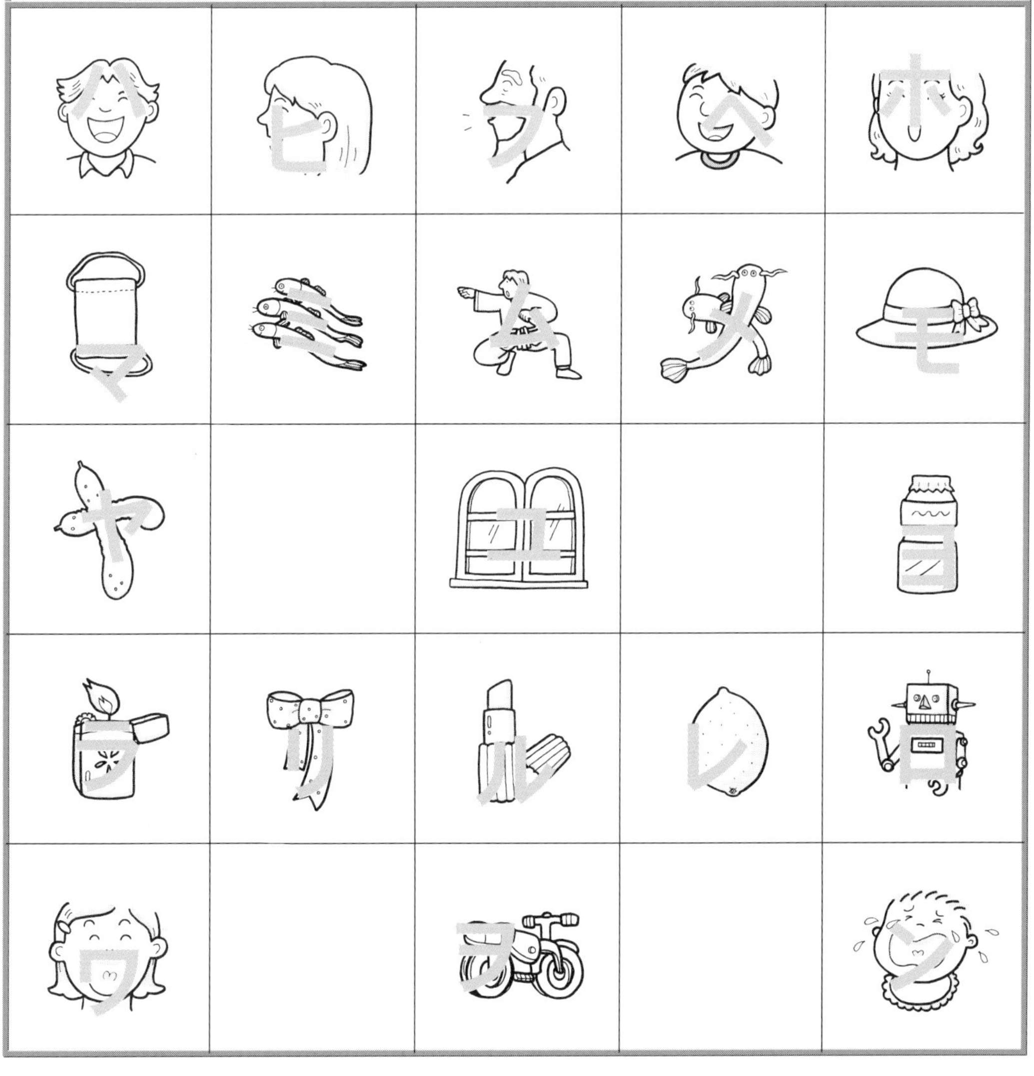

그림을 연상하며 「단(段)」별로 두 번씩 써 봅시다.

ア 단	イ 단	ウ 단	エ 단	オ 단

● い [i] ・ り [ri] ・ こ [ko]

い								
り								
こ								

● う [ɯ] ・ ら [ra]

う								
ら								

● き [ki] ・ さ [sa] ・ ち [tʃi]

き								
さ								
ち								

● ぬ [nɯ] ・ め [me]

ぬ									
め									

● ね [ne] ・ れ [re] ・ わ [wa]

ね									
れ									
わ									

● ま [ma] ・ も [mo]―획순도 주의

ま									
も									

● る [rɯ] ・ ろ [ro]

る								
ろ								

② 혼동하기 쉬운 글자

● ア [a] ・ マ [ma]

ア									
マ									

● ウ [ɯ] ・ ワ [wa]

ウ								
ワ								

● コ [ko] ・ ユ [jɯ] ・ エ [e]

コ								
ユ								
エ								

● チ [tʃi] ・ ケ [ke] ・ テ [te]

チ								
ケ								
テ								

● テ [te] ・ ラ [ra] ・ ヲ [o]

テ								
ラ								
ヲ								

● シ [ʃi] ・ ツ [tsɯ] ─ 히라가나 「し」와 「つ」를 연상하며 쓸 것

シ								
ツ								

● ソ [so] ・ ン [N] ─ 「ソ」는 히라가나를 연상하며 쓸 것

ソ								
ン								

● ス [sɯ] ・ ヌ [nɯ]

ス									
ヌ									

● ク [kɯ] ・ タ [ta]

ク									
タ									

● ル [rɯ] ・ レ [re]

ル									
レ									

탁음 (濁音, だくおん)

	ga	gi	gɯ	ge	go		ga	gi	gɯ	ge	go
が행	が	ぎ	ぐ	げ	ご	ガ행	ガ	ギ	グ	ゲ	ゴ
	dza	dʒi	dzɯ	dze	dzo		dza	dʒi	dzɯ	dze	dzo
ざ행	ざ	じ	ず	ぜ	ぞ	ザ행	ザ	ジ	ズ	ゼ	ゾ
	da	dʒi	dzɯ	de	do		da	dʒi	dzɯ	de	do
だ행	だ	ぢ	づ	で	ど	ダ행	ダ	ヂ	ヅ	デ	ド
	ba	bi	bɯ	be	bo		ba	bi	bɯ	be	bo
ば행	ば	び	ぶ	べ	ぼ	バ행	バ	ビ	ブ	ベ	ボ

반탁음 (半濁音, はんだくおん)

	pa	pi	pɯ	pe	po		pa	pi	pɯ	pe	po
ぱ행	ぱ	ぴ	ぷ	ぺ	ぽ	パ행	パ	ピ	プ	ペ	ポ

1 탁음 (濁音, だくおん)

「か, さ, た, は」행의 오른쪽 위에 탁점 「ﾞ」을 붙여서 나타낸다.

① が행　　**がぎぐげご／ガギグゲゴ [ga gi gɯ ge go]**

「が」행의 자음은 [g]로서 우리말의 「아가[aga]」를 발음했을 때 [g]음
과 같다. 어두에 올 때 우리 나라 사람들이 틀리기 쉬운 발음인데 발
음할 때 「が・ぎ・ぐ・げ・ご」 앞에 짧게 「으」를 넣어 발음하면 거
의 정확하다.

예 がくせい[gakɯse:] : 학생　ぎんこう[giŋko:] : 은행　かぐ[kagɯ] : 가구
　げた[geta] : 왜나막신　ごご[gogo] : 오후

② ざ행　　**ざじずぜぞ／ザジズゼゾ [dza dʒi dzɯ dze dzo]**

「ざ」행 중 「ざ・ず・ぜ・ぞ」의 자음은 [dz]이고 「じ」는 [dʒ]이다.
[dz]는 혀끝을 윗잇몸 가까이 대고 발음하며, [dʒ]는 우리말 「바지」
를 발음할 때처럼 혀를 잇몸에 더 가까이 대야 한다. 「じ」는 우리말
의 어중의 「지」와 같으므로 「じ」 앞에 짧게 「으」를 넣어 발음한다.

예 ざる[dzarɯ] : 소쿠리　じかん[dʒikaɴ] : 시간　ちず[tʃidzɯ] : 지도
　かぜ[kadze] : 바람　ぞう[dzo:] : 코끼리

③ だ행　　だぢづでど／ダヂヅデド [da dʒi dzɯ de do]

「だ」행 중「だ・で・ど」의 자음은 영어의 [d]음과 같은데, 우리말「바다」할 때「다」와 같은 음이다. 어두에서는「が」행과 마찬가지로「だ・で・ど」앞에 짧게「으」를 넣어 발음하면 거의 정확하다.「ぢ・づ」의 자음은 [dʒi][dzɯ]이며, 실제 발음은「じ・ず」와 같다.

예　だるま[darɯma]：오뚝이　はなぢ[hanadʒi]：코피　まど[mado]：창문
こづつみ[kodzɯtsɯmi]：소포　でんき[deŋki]：전기

④ ば행　　ばびぶべぼ／バビブベボ [ba bi bɯ be bo]

「ば」행의 자음은 영어의 [b]음과 같은데 우리말「부부 [pubu]」의 [b]음과 같다. 즉 우리말의 어중의 [ㅂ]과 같으므로 어두에 올 때는「ば」행 앞에 짧게「으」를 넣어 발음한다.

예　ばら[bara]：장미　ゆび[jɯbi]：손가락　ぶた[bɯta]：돼지
かべ[kabe]：벽　ぼうし[boːʃi]：모자

2 반탁음 (半濁音, はんだくおん)

「は」행의 오른쪽 윗부분에 반탁점(半濁点)「ﾟ」을 붙여서 나타낸다.

ぱ행　　ぱぴぷぺぽ／パピプペポ [pa pi pɯ pe po]

「ぱ」행의 자음은 어두에서는 우리말의 [ㅍ]에 가깝고, 어중이나 어말에서는 [ㅃ]에 가깝다. 「ぱ」행은 일부 의성어・의태어를 제외하고는 거의 외래어이다.

예　パイプ[paipɯ]：파이프　ぴかぴか[pikapika]：번쩍번쩍
ぷんぷん[pɯmpɯɴ]：풍풍　ぺこぺこ[pekopeko]：(배가) 몹시 고픔
ぽろぽろ[poroporo]：뚝뚝

が	ぎ	ぐ	げ	ご	ガ	ギ	グ	ゲ	ゴ
ga	gi	gɯ	ge	go	ga	gi	gɯ	ge	go

ざ	じ	ず	ぜ	ぞ	ザ	ジ	ズ	ゼ	ゾ
dza	dʒi	dzɯ	dze	dzo	dza	dʒi	dzɯ	dze	dzo

だ	ぢ	づ	で	ど	ダ	ヂ	ヅ	デ	ド
da	dʒi	dzɯ	de	do	da	dʒi	dzɯ	de	do

ば	び	ぶ	べ	ぼ	バ	ビ	ブ	ベ	ボ
ba	bi	bɯ	be	bo	ba	bi	bɯ	be	bo

ぱ	ぴ	ぷ	ぺ	ぽ	パ	ピ	プ	ペ	ポ
pa	pi	pɯ	pe	po	pa	pi	pɯ	pe	po

IV. 요음 쓰기

요음은 「い」를 제외한 「い단」인 「き, し, ち, に, ひ, み, り」와 탁음 「ぎ, じ, ぢ, び」, 그리고 반탁음 「ぴ」의 오른쪽 밑에 작게 「ゃ, ゅ, ょ」를 붙여 쓴 음절이다. 이들 요음은 문자 수로는 두 문자이나 한 음절(一拍)로 발음되므로 유의한다.

きゃ kja	きゅ kjɯ	きょ kjo	キャ kja	キュ kjɯ	キョ kjo
しゃ ʃa	しゅ ʃɯ	しょ ʃo	シャ ʃa	シュ ʃɯ	ショ ʃo
ちゃ tʃa	ちゅ tʃɯ	ちょ tʃo	チャ tʃa	チュ tʃɯ	チョ tʃo
にゃ nja	にゅ njɯ	にょ njo	ニャ nja	ニュ njɯ	ニョ njo
ひゃ hja	ひゅ hjɯ	ひょ hjo	ヒャ hja	ヒュ hjɯ	ヒョ hjo
みゃ mja	みゅ mjɯ	みょ mjo	ミャ mja	ミュ mjɯ	ミョ mjo
りゃ rja	りゅ rjɯ	りょ rjo	リャ rja	リュ rjɯ	リョ rjo
ぎゃ gja	ぎゅ gjɯ	ぎょ gjo	ギャ gja	ギュ gjɯ	ギョ gjo
じゃ dʒa	じゅ dʒɯ	じょ dʒo	ジャ dʒa	ジュ dʒɯ	ジョ dʒo
ぢゃ dʒa	ぢゅ dʒɯ	ぢょ dʒo	ヂャ dʒa	ヂュ dʒɯ	ヂョ dʒo
びゃ bja	びゅ bjɯ	びょ bjo	ビャ bja	ビュ bjɯ	ビョ bjo
ぴゃ pja	ぴゅ pjɯ	ぴょ pjo	ピャ pja	ピュ pjɯ	ピョ pjo

きゃ	きゅ	きょ	しゃ	しゅ	しょ	ちゃ	ちゅ	ちょ
kja	kjɯ	kjo	ʃa	ʃɯ	ʃo	tʃa	tʃɯ	tʃo

キャ	キュ	キョ	シャ	シュ	ショ	チャ	チュ	チョ
kja	kjɯ	kjo	ʃa	ʃɯ	ʃo	tʃa	tʃɯ	tʃo

にゃ	にゅ	にょ	ひゃ	ひゅ	ひょ	みゃ	みゅ	みょ
nja	njuu	njo	hja	hjuu	hjo	mja	mjuu	mjo

ニャ	ニュ	ニョ	ヒャ	ヒュ	ヒョ	ミャ	ミュ	ミョ
nja	njuu	njo	hja	hjuu	hjo	mja	mjuu	mjo

りゃ	りゅ	りょ	ぎゃ	ぎゅ	ぎょ	じゃ	じゅ	じょ
rja	rjɯ	rjo	gja	gjɯ	gjo	dʒa	dʒɯ	dʒo

リャ	リュ	リョ	ギャ	ギュ	ギョ	ジャ	ジュ	ジョ
rja	rjɯ	rjo	gja	gjɯ	gjo	dʒa	dʒɯ	dʒo

ぢゃ	ぢゅ	ぢょ	びゃ	びゅ	びょ	ぴゃ	ぴゅ	ぴょ
dʒa	dʒɯ	dʒo	bja	bjɯ	bjo	pja	pjɯ	pjo

ヂャ	ヂュ	ヂョ	ビャ	ビュ	ビョ	ピャ	ピュ	ピョ
dʒa	dʒɯ	dʒo	bja	bjɯ	bjo	pja	pjɯ	pjo

石屋(석수장이)와 **医者**(의사)

いしや			
いしゃ			

● **自由**(자유)와 **十**(십)

じゆう			
じゅう			

● **美容院**(미용실)과 **病院**(병원)

びよういん		
びょういん		

편저자 약력

서울일본어교육연구회는 서울, 경기 지역 중심으로 구성된
고등학교 일본어 교사 및 일본어 교육 관계자들의 연구 단체로,
현재 약 500여 명의 회원이 활동하고 있습니다.

조성범
고려대학교 교육대학원 졸업, 경복여자정보산업고등학교 교사

김태호
고려대학교 교육대학원 졸업, 한서고등학교 교사

다락원 주니어 일본어 펜맨십

편저 서울일본어교육연구회
펴낸이 정규도
펴낸곳 (주)다락원

초판 1쇄 발행 2010년 3월 12일
초판 2쇄 발행 2015년 3월 12일

편집장 이경숙
책임편집 송화록, 김자임
디자인 정현석, 하태호, 오연주

다락원 경기도 파주시 문발로 211
내용문의: (02)736-2031 내선 460~466
구입문의: (02)736-2031 내선 250~252
Fax: (02)732-2037
출판등록 1977년 9월 16일 제300-1977-23호

값 5,500원
ISBN 978-89-277-1000-4 43730

http://www.darakwon.co.kr

• 다락원 홈페이지를 방문하시면 상세한 출판정보와 함께
  동영상강좌, MP3자료 등 다양한 어학 정보를 얻으실
  수 있습니다.
• 다락원 **Cyber 어학원** 내 〈일본어 공부방〉에서는 다양한
  일어학 학습코너가 제공되고 있습니다.

일본어로 신나게 Talk! Talk!

- 말하기에서 듣기, 읽기, 쓰기까지 종합적으로 공부하기
- 자세한 설명으로 혼자서도 쉽게 공부하기
- 재미있는 퍼즐과 게임으로 일본어 신나게 즐기기
- 일본의 언어습관과 일본 친구들의 생활문화까지 접수하기

톡톡 주니어 일본어 1
4×6배판 | 216면 | 12,000원
(본책+쓰기노트+그림 단어 카드+오십음도 브로마이드+오디오 CD 1장)

톡톡 주니어 일본어 2
4×6배판 | 168면 | 12,000원
(본책+그림 단어 카드+오디오 CD 1장)

다락원　http://www.darakwon.co.kr　Tel. 02)736-2031 (내용 문의 420~425, 구입 문의 112~114)

다락원 주니어 일본어

ともだちを つくろう!
도모다치오 쓰쿠로-!

윤수, 사쿠라와 함께
신나고 재미나게
일본어랑 친구되기!

이런 점이 좋아요!

- 쉽고 간결한 대화문을 통해 일본어를 재미있게 배울 수 있어요.
- 자세한 설명 덕분에 혼자서 공부해도 어렵지 않아요.
- 퀴즈 형식의 연습문제가 재미있고 다양해서 어렵지 않아요.
- 친구들과 함께 하는 게임으로 일본어랑 더욱 친해질 수 있어요.
- 만화와 사진을 통해 일본 친구들의 생활 모습을 엿볼 수 있어요.

김태호 · 아이자와 유카 · 사와베 유코 공저

다락원 주니어 일본어 1
4×6배판 | 192면 | 11,000원
(게임즐기기 카드+히라가나 브로마이드+리스닝 CD 1장)

다락원 주니어 일본어 2
4×6배판 | 192면 | 11,000원
(게임즐기기 카드+가타카나 브로마이드+리스닝 CD 1장)

다락원 http://www.darakwon.co.kr Tel. 02)736-2031 (내용 문의 420~425 구입 문의 112~114)

생활 어휘를 쉽게 쉽게 익히는 단어장

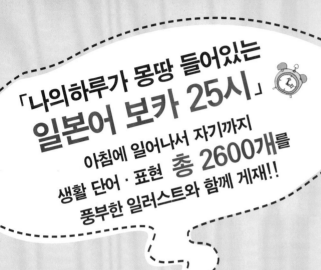

「나의하루가 몽땅 들어있는
일본어 보카 25시」

아침에 일어나서 자기까지
생활 단어 · 표현 **총 2600개**를
풍부한 일러스트와 함께 게재!!

아라이 기와 · 무토 가쓰히코 공저
국판변형 | 288면 | 13,000원 (MP3 CD 1장+체크 시트 포함), MP3 무료

연결하고 상상하라!!

연상일본어 단어장

김해정 지음
국판변형 | 280면 | 13,000원 (교재+MP3 CD 1장), MP3 무료

다락원 http://www.darakwon.co.kr Tel. 02)736-2031 (내용 문의 420~425 구입 문의 112~114)

あ	い	う
え	お	か
き	く	け
こ	さ	し

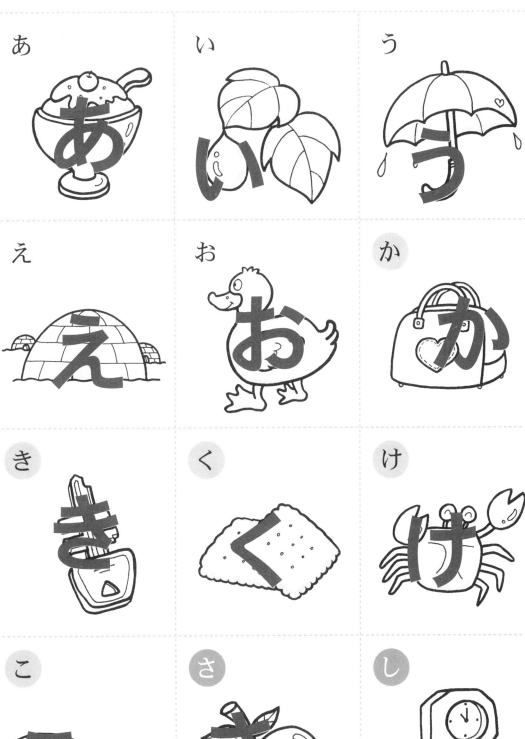

の

は

ひ

ふ

へ

ほ

ま

み

む

め

も

や

ゆ 	よ 	ら 
り 	る 	れ 
ろ 	わ 	ん 
を